Découvrez l'histoire par les archives de presse

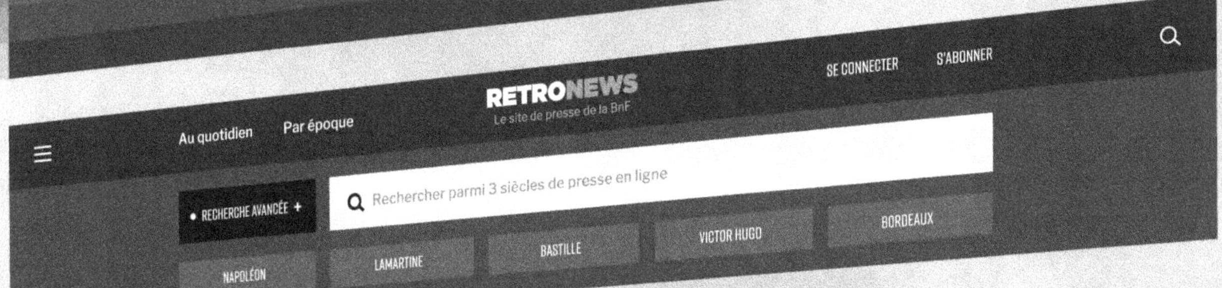

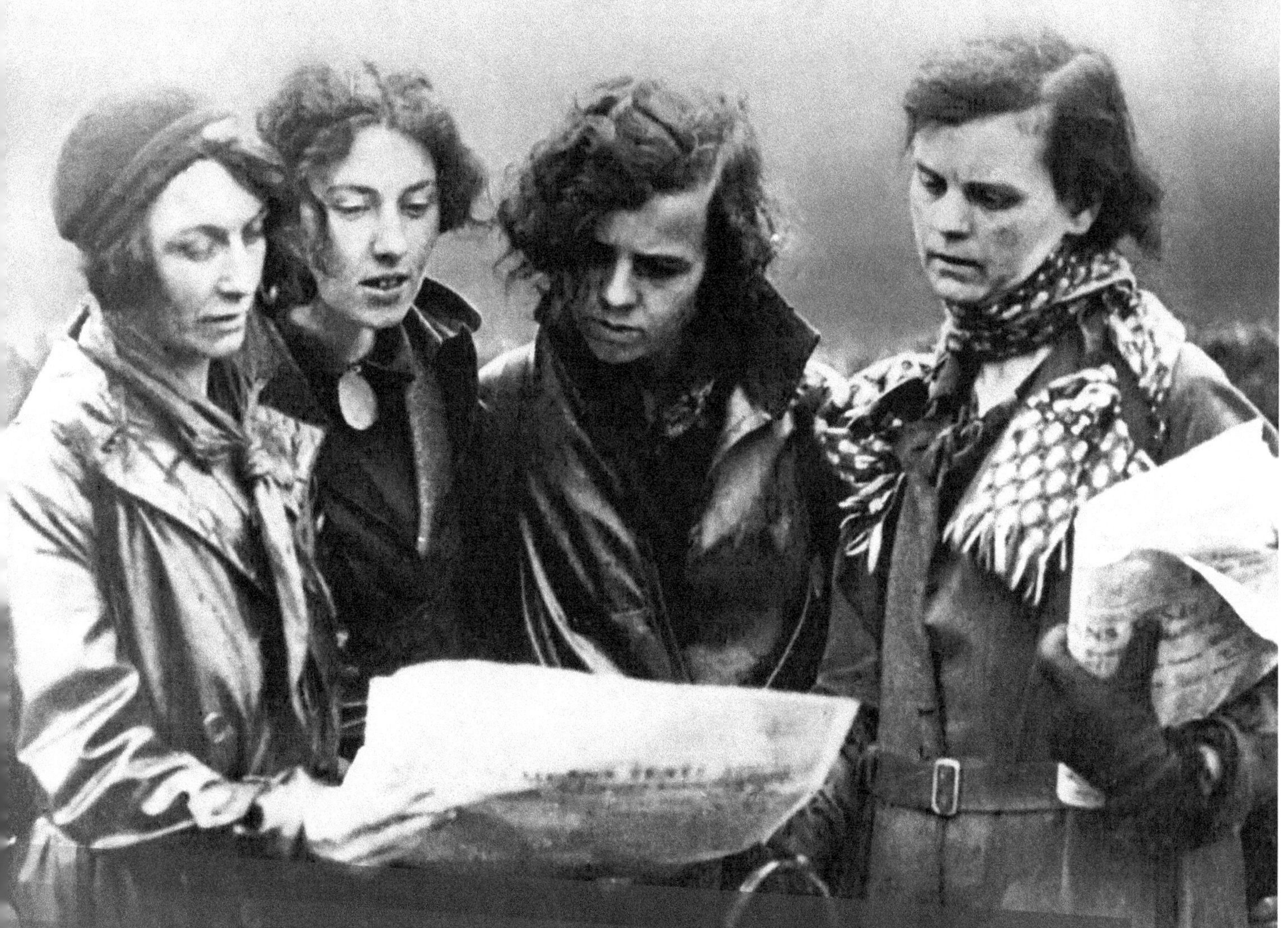

RETRONEWS

Le site de presse de la BnF

www.retronews.fr

LETTRES INÉDITES

DE

EUGÈNE DELACROIX

Au lendemain même de la mort d'Eugène Delacroix (13 août 1863) Philippe Burty se préoccupa de réunir la correspondance du maître, mais c'est seulement quinze ans plus tard qu'il fit connaître au public le résultat de ses recherches. Elles avaient été longues et laborieuses : si, dès les premiers mois de 1865, il avait pu insérer, à titre de spécimen, dans la *Revue de Paris* et la *Gazette des Beaux-Arts* quelques lettres de Delacroix à son intime ami J.-B. Pierret, il n'obtint que beaucoup plus tard communication d'un volumineux dossier provenant de Soulier, autre camarade de jeunesse du peintre et qui lui avait survécu. Lorsque Burty se décida enfin à publier la première édition de ces *Lettres* par les soins et aux frais de M. Albert Quantin (1878), plus d'un de ses appels était encore demeuré sans écho : c'est ainsi que les lettres, très importantes à tous égards, à Frédéric Villot ne purent entrer que dans la seconde édition (Charpentier, 1880, 2 vol. in-18).

Burty ne se dissimulait pas que cet ensemble présentait encore bien des lacunes et il recueillait en vue d'une troisième édition les lettres publiées, à son exemple, dans diverses revues, ou celles dont il pouvait prendre ou recevoir la copie. J'emprunte les éléments de la présente communication à cette réserve demeurée inutilisée entre ses mains et que la générosité de Mme Burty a fait passer dans les miennes.

Autant que j'ai pu, j'ai spécifié le nom du destinataire de chacune de ces lettres ainsi que les circonstances qui en fournirent le motif et je me suis efforcé d'expliquer les allusions ou les obscurités qu'on y rencontre. La plupart de ces copies provenaient des ventes faites par Etienne Charavay et par son cousin Eugène ; d'autres avaient été gracieusement communiquées par Feuillet de Conches, par Pierre Pétroz, par M. de Spoelberch de Lovenjoul, par M. Paul Beurdeley. Delacroix ne datait pas toujours ses lettres et, par suite, j'ai pu me tromper sur le millésime de quelques-unes d'entr'elles : en pareil cas, ce serait la vue de l'autographe qui, seule, donnerait la solution du problème, car l'écriture du peintre a plusieurs fois varié, surtout dans sa jeunesse ; on trouvera un exemple topique de la difficulté à laquelle je me suis heurté précisément à propos du billet qui ouvre la série, relatif à l'envoi d'un petit tableau dont Delacroix avait emprunté le sujet à une ballade de Robert Burns : le catalogue Robaut classe à l'année 1825 une première pensée du tableau qui aurait, d'après M. Adolphe Moreau, été exécuté pour Mme Dalton, tandis que le billet que voici est adressé à un homme, peut-être un confrère ou tout au moins un amateur, à qui Delacroix recommande de ne vernir la toile que « dans quelque temps ». Burty supposait que cet amateur pouvait être Frédéric Villot et proposait la date inacceptable de 1827, puisqu'il ne se

JEAN ALBOIZE

Une mort, que rien ne pouvait faire prévoir aussi soudaine, a enlevé en quelques heures Jean Alboize, directeur de l'*Artiste*. Il était, depuis peu, Conservateur du Palais de Fontainebleau, ce chef-d'œuvre d'art auquel il s'était dévoué et dont il avait entrepris l'aménagement et la restauration avec son goût et sa compétence éprouvés.

La biographie de Jean Alboize peut se renfermer en quelques lignes ; son histoire est celle de l'*Artiste* depuis plus de vingt ans. Né à Carcassonne en 1851, fils d'un négociant de cette ville, il était venu à Paris après avoir terminé ses études de droit. Ses goûts, ses idées l'entraînaient vers la littérature et les arts ; il s'y laissa aller, d'autant plus volontiers que ses moyens d'existence lui permettaient de satisfaire les uns et les autres.

C'était en 1881. Arsène Houssaye, propriétaire de l'*Artiste*, fatigué de plus de trente ans de collaboration à cette Revue se retirait,

Jean Alboize s'en fit l'acquéreur et depuis ce jour, la direction de l'*Artiste* devint toute sa vie.

L'*Artiste* ! Ce nom évoque un éclatant passé. Fondé en 1831 par Achille Ricourt avec Jules Janin pour rédacteur en chef, l'*Artiste* se jette à corps perdu dans la mêlée romantique. Ses collaborateurs s'appellent alors Chateaubriand, Lamartine, Alfred de Musset, Balzac, Mérimée, Gozlan, Sainte-Beuve, George Sand, etc. Les beaux-arts sont représentés par Delacroix, Decamps, Huet, Deveria, Roqueplan, Raffet, etc. Ach. Ricourt, se débat au milieu de difficultés sans nombre pour continuer sa Revue dont la caisse, disait Monselet, était plus pleine de roses que d'écus. Enfin, il succombe, en 1838, et dépose les armes avec cent mille francs de dettes. Jules Janin lui succède, comme directeur, jusqu'en 1844, soutenu par Delaunay, un dillettante, qui abandonne également la partie après avoir gardé seulement de quoi vivre pauvrement en province. En 1844, Jules Jamin cède à son tour sa place de directeur à Arsène Houssaye qui l'occupe, pour la première fois, jusqu'en 1849, époque à laquelle il devient Administrateur du Théâtre-Français, laissant l'*Artiste* à Edouard Houssaye et Xavier Aubryet. Les nouveaux possesseurs choisissent, pour rédacteur en chef, Théophile Gautier qui demeure à son poste de combat jusqu'en 1860, et ne se retire que devant Arsène Houssaye qui reprend la Revue et la garde jusqu'en 1880. C'est de lui que Jean Alboize la recueillit et la continua jusqu'à la présente année.

La gloire de l'*Artiste* pendant ces soixante-treize ans d'existence, a été de se maintenir à l'avant-garde des mouvements littéraires et artistiques, de sonner la fanfare de tous les talents nouveaux, de se dresser en protestation vivante contre tous les ostracismes, en un mot, d'être le livre toujours ouvert où tout ce qui était jeune, hardi et neuf pouvait être dit et célébré. On peut affirmer, sans exagération, que tout ce qui a compté dans les lettres et les beaux-arts, depuis plus d'un demi-siècle, a passé par l'*Artiste*.

Jean Alboize continua dignement la tradition des fondateurs. Pendant plus de vingt ans il accueillit les inconnus d'hier qui sont devenus les célèbres d'aujourd'hui. Les nouvelles écoles artistiques, aujourd'hui triomphantes, trouvèrent en lui un défenseur résolu alors qu'elles balbutiaient au milieu des risées et des sarcasmes. Il s'en fit l'hôte bienveillant, les encouragea, les présenta au public et, pour avoir eu le courage et l'intelligence de se montrer un précurseur, il publia une Revue qui se trouve être, aujourd'hui, toute d'actualité.

Une mort inattendue a interrompu l'œuvre à laquelle il avait tout donné, son temps, ses peines et sa fortune. Souhaitons qu'elle soit reprise et perpétuée avec la même indépendance. Quelle que soit sa destinée, les collaborateurs de l'*Artiste* se doivent de conserver un souvenir ému à celui qui leur tendit la main aux heures difficiles et incertaines des débuts, en ces moments parfois douloureux où un encouragement est souvent un bienfait.

GASTON SCHÉFER.

lia intimement avec Delacroix qu'en 1830; de plus, si le tableau lui a appartenu, il ne s'en est point défait publiquement, car il n'a point figuré dans ses diverses ventes. D'autre part *Tam O' Shanter* a été admis au salon de 1831 (3ᵉ supplément, n° 1950 du livret) et à ce propos Delacroix renouvelle et développe dans une lettre à Feuillet de Conches, qu'on lira plus loin, ce qu'il avait déjà dit sur le sujet par lui traité. Enfin en juin 1850, il avait ébauché à Champrosay une répétion ou une variante de *Tam O' Shanter* (*Journal* publié par MM. Paul Plat et René Piot, tome 1ᵉʳ, p. 376) : c'est très probablement le n° 67 de la vente posthume, ainsi défini par Burty : *Sujet inspiré par une ballade écossaise* et qui, adjugé pour 540 fr. à M. de Laage, a été photo-lithographié par M. G. Arosa. Les hésitations dont je fais ainsi part au lecteur le rendront indulgent, je l'espère, pour l'annotateur qui ne se flatte point, tant s'en faut, de tout savoir, et qui serait fort reconnaissant, au contraire, si on l'aidait à mieux éclairer sa lanterne.

MAURICE TOURNEUX.

I

A M......

Ce samedi [1827 ?].

Mon cher ami,

Je vous envoie la peinture que je vous ai promise ; je l'avais commencée à votre intention, mais elle a passé par toutes sortes d'états, et a été par conséquent longtemps accrochée. C'est une ballade écossaise très célèbre de *Burns*, le poëte populaire du pays : *Tam O'Shanter* est un fermier qui passe la nuit près du sabbat des sorciers. Ceux-ci se mettent à ses trousses et en tête une jeune sorcière qui prend la queue du cheval jusqu'à ce que ladite queue lui reste à la main : j'ai omis cet épisode. Ne le vernissez que dans quelque temps.

Mille amitiés et dévouements.

EUG. DELACROIX.

II

A Alexandre Dumas.

Monsieur A. Dumas, rue de l'Université, maison du café Desmares.

Que je suis désolé, mon bon ami! Vous vous êtes donné la peine de passer. Je ne sçais plus si j'y étais, mais il fallait violer la portière. Dans tous les cas je lui ai lavé la tête. Imaginez que j'étais de ribotte hier avec Mérimée, Beyle et autres et de plus pris pour la soirée. Jugez de mon désappointement de ne pouvoir vous revoir, vous et votre bel ouvrage. (1)

Je m'occupe à choisir un projet dans votre *Christine* pour vous servir un plat de ma façon. Vous m'avez donné des émotions bien vives et qu'on n'est plus accoutumé à trouver au théâtre. Je ne souhaite que d'en reproduire une partie.

Adieu et tout vôtre,

EUG. DELACROIX

Ce 4 avril [1830].

III

A Achille Ricourt.

Monsieur Achille Ricourt, rue du Coq Saint-Honoré, n° 4.

6 février 1831.

Mon cher Ricourt, je suis si pressé de besogne que je n'aurais pas le temps dans ce moment-ci de vous faire quelque chose de Mirabeau. (2) Il y aurait tant de détails à indiquer, même légèrement, que ce serait un vrai travail, surtout pour moi. Je pourrai incessamment vous faire une lithographie qui demandera moins de tracas.

Je vous remercie bien toujours de l'empressement que vous mettez à m'offrir une chose qui pourrait m'être agréable. Ce que vous avez dit sur moi est aussi très aimable et plus que je n'aurais espéré.

Tout à vous,

EUG. DELACROIX

(1) La première représentation à l'Odéon de *Stockholm, Fontainebleau et Rome* (titre primitif de la pièce) est du 30 mars 1830 et la brochure ornée d'une lithographie de Raffet d'après Charlet est annoncée dans la *Bibliographie de la France* du 24 avril suivant. Dumas en avait sans doute apporté un exemplaire à Delacroix qui a peint d'après l'une des scènes de *Christine* un tableau gravé à l'eau-forte par Frédéric Villot, mais dont la trace est présentement inconnue.

(2) Achille Ricourt, fondateur et directeur de l'*Artiste* de 1831 à 1839, avait sans doute demandé à Delacroix une lithographie d'après l'esquisse envoyée par lui au concours ouvert par la Liste civile sur ce sujet: l'entrevue de Mirabeau et de Dreux-Brézé. Le tableau original appartenait en 1878 à M. Bouruet-Aubertot.

IV

Au même.

Monsieur Ricourt, rue de Beaujolais, n· 1.

2 août 1831 [timbre de la poste].

Mon cher Ricourt, pouvez-vous m'avoir la *Correspondance de Diderot ?* (1). Il y a là dedans matière plus qu'il n'en faut à vous bro! cher quelques articles sur les arts. Le plus tôt serait le mieux, parce que je pourrais m'en occuper à la campagne.

Votre bien dévoué,
Eug. Delacroix.

Ce mardi [Collection Paul Beurdeley].

V

A Félix Feuillet de Conches.

[1831 ?].

Monsieur F. Feuillet, rue Castiglione, 3 ou 5.

Mon cher ami, je reçois votre mot. J'ai lu l'histoire de *Tam O'Shanter* dans la ballade même de *Burns*, écrite en écossais avec le patois très difficile à comprendre, qui m'était expliqué à mesure par une personne du pays. Tous les recueils des ballades de Burns doivent l'offrir. Voici au demeurant l'histoire.

Tam O' Shanter est un paysan qui aime beaucoup à s'oublier dans les foires et les cabarets pour deux raisons. La première, c'est qu'il aime excessivement l'*usquebaugh*, si je ne me trompe, et autres facéties de ce genre ; la seconde, c'est que sa femme est la plus acariâtre personne du monde. Un soir donc, qu'il revient plus tard qu'à l'ordinaire, il passe près d'une église à moitié démolie, dans laquelle les sorcières font le sabbat. Il n'ose souffler, comme de raison. Cependant, à la vue d'une assez jeune et gaillarde sorcière plus éveillée que les autres, il ne peut s'empêcher de s'écrier : *Bravo, la courte chemise! (Bravo, Cutty Shirt* ou *Short !* (2). Je ne garantis pas le texte). Il fait force de jambes, c'est à dire de celles de sa jument, pour gagner une pauvre pont qui devait le

---

(1) Les *Mémoires, correspondances et ouvrages inédits* de Diderot, comprenant les lettres à Falconet et à M⁰ˢ Volland, venaient de paraître (4 vol. in-8). Delacroix ne semble pas avoir donné suite à la velléité révélée par cette lettre.

(2) Le texte de Burns, porte :

Weldone, Cutty-Sark !

mettre à couvert : mais la courte chemise saisissait la queue de sa jument grise, au moment où il franchit le pas, si fort qu'elle lui resta dans la main. En voila dix fois plus qu'il n'en faut, n'est-ce pas, à ce sujet. Ce que je ne puis assez vous dire, c'est combien je vous sais gré de ce que vous avez inséré dimanche à mon sujet (1), et plus encore de votre obligeance si empressée, et par conséquent si opportune. Je ne sais quel en sera le résultat. J'ai vu le comte de F... (2) ce matin. Il m'a dit de belles paroles. La seule chose dont je suis inquiet, c'est de m'assurer s'il aura pu ou voulu changer quelque chose, et que, quand la liquidation de tout cela aura lieu au grand jour, il ne me dira pas qu'il a eu la main forcée et autres fadaises. Il est entendu, n'est-ce pas, toujours, que nous ne parlerons pas de la source d'où nous tenons le détail.

J'irai vous voir un de ces jours pour en causer. Vous voyez que je suis sans façon, et que j'use et abuse. Je m'occupe des Tigres de Ricourt (3) avec l'empressement que mérite bien celui qu'il m'a témoigné.

Votre bien sincèrement dévoué,

EUG. DELACROIX.

VI

Au même.

Monsieur, Monsieur Félix Feuillet, rue Castiglione n° 3 ou 5, à Paris.

Tanger, 25 janvier [1832]

Mon cher ami,

Me voici, après une fort longue et fatigante traversée dans un pays bien nouveau et abondant en pittoresque. Il faudrait bien du séjour ici pour rendre mieux une faible partie de ce qu'on y voit de remarquable et d'étrange. Ce pays présente des différences sensibles avec les autres pays levantins. — Vous voyez en moi un infortuné qui s'adresse à vous comme à un sauveur. J'ai pensé qu'avec votre complaisance dont vous

---

(1) Ce remerciement doit faire allusion à un article anonyme publié dans *l'Artiste*, tome Ier, p. 121, sur le concours ouvert pour un tableau représentant *Boissy d'Anglas*, à la séance du 1er prairial, an III. Cet article, qu'il faut donc restituer à Feuillet de Conches, est immédiatement suivi d'un autre article signé Louis Boulanger et non moins élogieux pour Delacroix. Ce fut Court qui remporta le premier prix.

(2) Le comte de Forbin, directeur des Musées royaux, et qui avait favorisé en 1824, l'acquisition des *Massacres de Chio*.

(3) Allusion à la lithographie intitulée *Jeune tigre jouant avec sa mère*, publiée dans *l'Artiste*, tome II (1831), et dont les divers états sont donnés dans le *Catalogue* de M. Alfred Robaut (n° 366). Le tableau représentant le même sujet, exposé au Salon de 1831, et légué au Louvre, par M. Maurice Cottier, y est entré tout récemment.

m'avez donné tant de preuves, vous seriez assez bon pour me faire passer par les Affaires Étrangères les lettres que mes amis vous remettraient pour moi. Comme vous êtes à même de savoir au juste quand on écrit à M. de Mornay, vous auriez la bonté de mettre en même temps ce qui me concerne. C'est Pierret que je fais le quartier général. C'est à lui qu'on remettrait les lettres, et il se chargerait de vous les porter. Ce serait mettre le comble à mes obligations envers vous que de lui écrire un petit mot quand la dépêche devra être expédiée.

Vous vous rappelez sans doute que vous m'avez promis d'user de votre bonne influence au ministère pour tâcher qu'on ne nous laisse pas pourrir ici. Il serait bien intéressant qu'on put laisser à M. de Mornay la faculté de décider quand il sera opportun de retourner. Vous sentez qu'à une pareille distance le temps d'envoyer et de recevoir des correspondances entraîne fort loin. L'essence de notre ministère est d'être temporisateur. De son côté, par une espèce de mesure que vous concevez très-bien, M. de Mornay ne peut guère à présent demander cela. C'est donc moi que vous obligerez en intercédant pour nous. Malgré toute mon admiration pour ce que je vois ici, et qui réellement passe de beaucoup mon attente, je ne puis être trop longtemps éloigné de mes affaires.

Au milieu de toutes ces bonnes têtes de marocains, j'espère en trouver de bonnes à vous faire voir. Peut-être s'en trouvera-t-il qui pourrait vous faire oublier le chagrin de n'avoir pas vu les mêmes figures dans votre recueil et auxquelles vous donnerez un coin chez vous.

Comment vont les amis ? Donnez m'en des nouvelles, ainsi que des vôtres Adieu, mon cher ami, je vous souhaite mille bonheurs et bonne santé. Le pauvre exilé commence à apprécier combien il est bon de recevoir des nouvelles.

Mille fois à vous.

EUG. DELACROIX.

VII

Au même.

Monsieur Félix Feuillet, rue Castiglione n° 3 ou 5, Paris.
  (Le timbre d'arrivée porte *18 juillet.*)

Toulon, 7 juillet 1832 (en quarantaine).

Je ne vous ai pas encore remercié, mon cher Feuillet, de votre inépuisable complaisance à laquelle j'ai dû tant de bons envois durant nos traversées variées. Permettez que je vous envoie mes actions de grâce datées de la terre de France, peu hospitalière à la vérité pour des enfants malheureux et empressés d'en prendre possession. La patrie ne

nous accorde durant 15 mortels jours qu'un enclos misérable dans lequel
on ne ferait pas paître un âne : beaucoup de puces et de cette saleté de
lazaret la plus orde de toutes, car vous y avez la crasse des habitants
des quatre parties du monde, y compris leurs noms charbonnés sur les
murs. — Hélas ! que trouverai-je dans le Paris qui était de loin l'étoile
polaire de nos fortunes errantes ? encore des barricades, peut-être des
ruines seulement, dernière barricade, digne trône de nos réformateurs
modernes. Que sont devenus les pauvres arts dans ces désordres ? Ce
qu'ils seront probablement pour longtemps encore, le pire des métiers
pour ceux qui les exercent, et un faible passe-temps pour les autres,
une faible compensation aux misères du temps où le ciel nous a fait
naître. — J'ai vu par les journaux que personne n'avait été tué dans la
1re légion : j'en ai conclu que vous viviez encore, puisque vous faites
partie d'une des plus belles compagnies de ce brave corps, à moins que
le choléra, par un de ces retours qui n'appartiennent qu'à lui et à l'amour,
ne vous ait repris en sous-œuvre. *Di omen avertant,* mon cher ami, pour
vous d'abord et pour les amis vrais que vous avez et parmi lesquels
vous me comptez, n'est-ce pas ?

Adieu donc. Mille remerciements et amitiés bien sincères.

EUG. DELACROIX.

VIII

A Paul de Musset.

Monsieur Paul de Musset, Maison de la Fontaine de Grenelle.

9 avril [1838].

Mon cher ami, je vous remercie bien de votre bonne démarche et vous
prierai de nouveau, s'il est possible, de me conserver pour une autre
occasion la bonne volonté de M. Paër ; sa voix et un bon nombre d'autres encore me seront nécessaires pour arriver là, si j'y arrive (1). Ce

(1) Candidat en 1837 à la place de Gérard dont Schnetz fut le successeur, Delacroix avait, une seconde fois, brigué les suffrages de l'Académie des beaux-arts
lors de la mort de Thévenin qui fut remplacé, le 22 mars 1838, par Langlois. Burty
a publié un billet daté du 27 [février 1838?] par lequel Delacroix sollicitait l'appui
de Paul [et non d'Alfred] de Musset auprès du musicien Paër en vue du scrutin
futur ; après son nouvel échec il insistait pour se ménager de nouveau cette voix,
mais Paër mourut le 3 mai de l'année suivante.

Le billet donné par Burty a été fac-similé dans la biographie de Delacroix par
Eugène de Mirecourt (n° 58 de la collection).

sera, je présume, pour vers soixante ans environ. (1) En attendant ce bel âge et cette belle position, je vous demeure bien dévoué et reconnaissant.

Tout à vous,

EUG. DELACROIX.

IX

A Gustave Planche.

Monsieur Gustave Planche, 28, Santa-Lucia, Naples. (2).

9 août [1842].

J'espère, mon cher ami, que ma lettre vous arrivera avant que vous [ne] quittiez Naples. J'ai toujours tardé, pensant vous donner des nouvelles de votre frère ; mais je n'ai pu encore le découvrir. Je me suis adressé à Buloz qui n'a pu me donner son adresse : enfin je désespérais quand Huet, ces jours-ci, m'a promis de me la donner : mais je l'attends encore. Ne doutez pas que je ne fasse tout pour lui être utile : je le prendrais par tous les bouts. — J'ai été très content de votre souvenir : vous êtes heureux là où vous êtes. C'est si rare ! Tenez-vous y le plus que vous pourrez. — J'ai été effectivement très pris cet hiver d'une affection de la gorge. C'est un peu périodique chez moi et me reprend encore quelquefois : mais j'espère que la crise la plus forte étant passée, je ne serai plus ainsi secoué. Je pense aller cet hiver en Italie pour arrêter le retour du mal ; je serais bien heureux de vous y trouver encore. Mes travaux ont été naturellement interrompus, et sans eux je serais déjà parti pour voyager,

Vous me demandez des nouvelles de Mlle Rachel, et j'ai cru d'abord que vous plaisantiez quand vous me parliez de ses admirateurs comme d'aveugles. Je me suis rappelé que nous n'avions pas été d'accord à son sujet. Quant à moi, je persiste dans mon sentiment et le succès n'y fait rien. Je la trouve toujours *rarissime* : je n'ai rien vu et ne verrai probablement rien comme cela, ni vous non plus, croyez-moi. — Mes travaux à la Chambre des Députés sont très retardés. D'abord j'ai commis la faute de laisser écouler beaucoup de temps sans les commencer pour toutes sortes de raisons. Ensuite, au moment de m'y mettre, il a fallu

(1) En plaisantant, Delacroix ne croyait pas si bien dire, car il avait cinquante huit ans passés quand il fut élu le 10 janvier 1857, à la place de Paul Delaroche.

(2) Après avoir recueilli une part assez forte de l'héritage paternel, Gustave Planche partit pour l'Italie où il demeura quatre ou cinq ans ; il ne reprit sa collaboration à la *Revue des deux Mondes* qu'en 1846.

m'occuper de ceux de la Chambre des Pairs. Puis une maladie m'a arrêté pendant un temps assez long. Maintenant j'ai repris l'un et l'autre et ne suis pas trop mécontent, mais il y a fort à faire. — J'ai trouvé pour le Luxembourg un sujet qui sort un peu de la banalité des Apollons et des Muses, etc. C'est pour une bibliothèque : c'est le moment où le *Dante*, comme disaient nos pères, et non point *Dante*, comme disent aujourd'hui les savants qui ne veulent rien faire comme les autres, est présenté par Virgile à Homère et à quelques grands poètes qui se trouvent dans une sorte d'Elysée de la façon du poète, où ils jouissent d'un *bonheur sérieux*, à ce qu'il dit. Bref on y voit tous les grands hommes possibles se promenant et s'asseyant pour varier leur plaisir. Vous verrez cela (1) : cela a pour moi un très grand attrait, mais la place est des plus fatigantes.

Adieu, mon cher ami. Je désire fort vous retrouver encore en Italie. Rien de changé ici : les plus bêtes et les plus coquins font la loi et tiennent le bon bout partout ; il faut se faire oublier si on peut, ou se faire pardonner, ce qui est plus difficile. Adieu encore, recevez mille amitiés bien sincères.

Eug. Delacroix.

X

A Théophile Gautier.

A Monsieur Théophile Gautier, Avenue Lord Byron, quartier Baujon.

Ce mardi 21 décembre [1846].

Mon cher Gautier,

Vous seriez bien aimable de vous déranger quelques instants pour voir mon travail de la Chambre des Députés. J'y serai de planton demain mercredi, jeudi et vendredi, pour montrer cela à quelques amis, avant de donner des billets. Le jour est malheureusement bien mauvais ; mais je serai là pour vous interpréter favorablement la chose.

Recevez mes amitiés et dévouements bien sincères.

Eugène Delacroix.

De onze heures à une heure. Demandez la Bibliothèque et dites que je vous attends (2).

(Collection de M. Spoelberch de Lovenjoul).

(1) Planche a publié dans la *Revue des Deux-Mondes* du 1er juillet 1846 un article sur les peintures de Delacroix et de Flandrin à la Chambre des Pairs et à Saint-Germain-des-Prés, réimprimé dans ses *Portrais d'artistes*, tome 1er (Michel Lévy, 853, 2 vol. in-12).

(2) Théophile Gautier a publié dans la *Presse* du 31 janvier 1845 une chronique sous la rubrique de *La Croix de Berny*, où il est longuement question de la décoration que Delacroix venait d'achever à la Bibliothèque de la Chambre des Pairs.

XI

A Paul de Musset.

Monsieur P. de Musset, quai Voltaire, 21.

Mon cher Musset, je n'étais pas à Paris quand vous m'avez redemandé les revues que vous aviez eu la bonté de me prêter. Depuis que je vous ai vu j'ai été repris par une grippe opiniâtre qui a mis l'embargo sur ma voix, ce qui dure encore. Je reviens de la campagne et suis désolé si ce retard vous a été nuisible. Je prends acte de la promesse que vous me faites de la réunion de vos articles. Croyez que ce sont des choses les plus remarquables de ce temps-ci (1), ce qui n'est pas beaucoup dire, mais aussi de tous les temps. Mérimée, que vous paraissez admirer comme je le fais aussi, est simple, mais a un peu l'air de courir après la simplicité en haine de l'horrible emphase des grands hommes du jour. Chez vous nul effort, toujours le goût le plus fin et rien de trop. Tout ceci est bien sincère, ainsi que les amitiés et remerciements que je vous envoie.

EUG. DELACROIX.

Ce lundi.

Le hasard m'a fait tomber entre les mains d'autres articles sur le Théâtre de Naples et autres de votre suite et dont j'ai été également charmé.

XII

A Théophile Gautier.

Le 17 janvier [1854].

Cher Gautier,

Je suis obligé de finir à l'improviste mon travail à l'Hôtel de Ville (2) à cause de la fête qu'on va y donner : venez donc le voir au milieu de la pousse des échafauds, si vous avez une minute. Vous me trouverez demain mercredi et jeudi. Ne venez pas plus tard que une heure : après cela on n'y voit plus. Il est entendu que je compte que vous y reviendrez quand il sera dans un état tout à fait présentable ; mais vous seriez bien

---

(1) Sous le titre de *Scène de la Vie italienne,* Paul de Musset a publié dans la *Revue des Deux-Mondes* à des intervalles assez rapprochés (du 15 janvier 1851 au 1ᵉʳ décembre 1852) une série d'articles publiés en volume l'année suivante. C'est dans leur première forme que Delacroix en avait pris connaissance.

(2) Le plafond dit de la Paix a disparu dans l'incendie de mai 1871. Théophile Gautier lui a consacré un article dans le *Moniteur* du 25 mars 1854, reproduit par *l'Artiste* le 15 avril suivant et réimp. dans *les Beaux-Arts en Europe* (1856), 2ᵉ série.

aimable de m'en dire votre avis à présent. Vous prendriez à l'Hôtel de Ville l'escalier de gauche. Au premier vous verrez : Secrétariat général ; là, un garçon vous conduira.

Mille dévouements,

EUGÈNE DELACROIX.

XIII

A Alfred Arago (1).

Champrosay, le 19 ..... [1855 ?].

Cher ami, je ne vous écris que d'ici pour vous remercier, quoique j'aie reçu votre lettre et votre charmant envoi à Paris où j'ai été quelques heures lundi. J'étais même si pressé que je n'ai pas ouvert la caisse bien lourde que je n'ai pas encore appréciée. Vous me couvrez de confusion et de délices : il faudrait que je fusse *Atala* pour vous exprimer combien la vue de *chaque tasse* me comble à l'avance de bonheur. Votre élève fait des progrès, comme vous voyez, et s'il ne vous répond pas quelque chose de plus osé et de moins connu, c'est pour ne pas paraître avoir cherché trop longtemps. Je ne chercherai pas bien loin non plus l'expression du sentiment de tendresse et d'affection que je vous renouvelle avec un grand plaisir et auquel vous croyez, j'en suis sûr.

Votre bien dévoué,

EUG. DELACROIX.

XIV

A Théophile Gautier.

Ce mardi 26 février (1856).

Mon cher Gautier,

Votre oraison funèbre de Heine est un vrai chef-d'œuvre dont je ne puis m'empêcher de vous complimenter. Son impression me suit tou-

(1) Ce billet sans date est classé approximativement à l'année 1855. Alfred Arago avait, comme inspecteur général des beaux-arts, pris une part active à l'Exposition universelle et, peut-être, était-il dans ses attributions, de distribuer aux membres des divers jurys un service à thé en porcelaine de Sèvres. Je n'aurais peut-être pas reproduit ce remerciement si Delacroix ne s'y était pas exercé dans cet art du calembour où Alfred Arago était passé maître.

(2) L'article de Th. Gautier, paru la veille dans le *Moniteur*, a été réimprimé en tête des *Reisebilder* (1856, 2 vol. in-18) de Henri Heine et dans les *Portraits et souvenirs littéraires* de l'auteur (1875, in-18).

jours et il ira rejoindre ma collection d'*excerpta* célèbres. Eh quoi ! votre art qui a tant de ressources que le nôtre n'a pas, est-il donc cependant, dans de certaines conditions, plus éphémère que la fragile peinture ? Que deviendront quatre pages charmantes écrites dans un feuilleton, entre le catalogue des actions vertueuses des quatre-vingt-six départements et le narré d'un vaudeville d'avant-hier !

Pourquoi n'a-t-on pas averti quelques hommes zélés pour les vrais et grands talents ? Je ne savais même pas la mort de ce pauvre Heine ; j'aurais voulu sentir devant cette bière, qui emportait tant de feu et d'esprit, ce que vous avez si bien senti. Je vous envoie ce petit hommage moins pour les obligations que je vous ai, d'ailleurs, que pour le plaisir triste et doux que j'ai eu à vous lire.

Mille amitiés sincères,

E. DELACROIX.

(Collection de M. de Spoelberch de Lovenjoul).

XV

A Paul de Musset.

Monsieur Paul de Musset, rue des Pyramides, 8, Paris.

Champrosay, 24 juin 1857.

Mon cher de Musset,

Vous ne m'aviez pas donné les moyens de vous répondre, car votre lettre ne portait pas votre adresse à Paris ; je me la suis procurée pour vous écrire à mon tour et vous dire que je suis retenu ici dans un état de souffrance encore grave, quoiqu'après une convalescence que des imprudences ont compromise. Comme il m'était impossible d'agir par moi-même dans la situation où je me trouve, je n'ai pas manqué le jour même, par lettre et par recommandations, je puis dire les plus vives possibles, de faire en sorte auprès du préfet d'abord et ensuite auprès de quelques membres du Conseil général que votre demande vous fût accordée et j'ose espérer que la Ville ne se rendra pas coupable d'un refus dans une pareille circonstance (1).

---

(1) Le 8 juin 1857 Paul de Musset avait adressé au Préfet de la Seine une pétition, apostillée par Prosper Mérimée, Empis, Alfred de Vigny, Sainte-Beuve, tendant à obtenir la concession gratuite d'un terrain au cimetière du Père La Chaise afin d'y ériger la tombe du poète. Delacroix appartenait alors à la Commission municipale de Paris et c'est à ce titre que Paul de Musset avait sollicité son concours. La demande n'aboutit pas et la concession dut être achetée par la famille ; on trouvera de curieux détails à cet égard dans les *Documents inédits sur Alfred de Musset*, par Maurice Clouard (Paris, A Rouquette, 1900, in-8, pp. 21-27).

Vivant à l'écart tout à fait, forcé de m'isoler de mes voisins pour ne pas parler, je n'ai pas eu de nouvelles du sort de la pétition. Je suis fondé à croire qu'elle n'a pas été mise sur le tapis le jour que vous m'aviez annoncé. Vous en aurez donc dans tous les cas des nouvelles avant moi.

J'aurais eu à cœur de vous serrer la main le triste jour que vous avez rendu les derniers devoirs à votre illustre frère, mais j'étais moi-même. quoiqu'à Paris alors, dans un fort triste état et ne pouvant sortir. Je me suis rappelé plusieurs fois depuis que mes relations avec lui avaient toujours été celles d'une véritable affection. Je ne parle pas de ma profonde admiration pour son talent.

Vous me marquez des regrets de ne pas nous voir ; personne ne le regrette plus que moi ; vous voyez au reste où j'en suis dans ce moment et voilà longtemps déjà que je suis confiné.

Recevez, mon cher de Musset, l'assurance de la plus affectueuse sympathie.

Eug. Delacroix.

XVI

A M. Paul Beurdeley.

Ce 13 mai 1863.

Monsieur,

Je ne puis malheureusement réaliser le désir flatteur que vous m'exprimez de voir mes tableaux des Saisons, lesquels étaient presqu'achevés cet hiver, mais dont j'ai interrompu l'achèvement complet lorsque j'eus l'assurance, deux mois avant le Salon, qu'ils ne pouvaient être admis. (1) Ils ne sont plus même à Paris : je les ai déjà adressés à la campagne où je compte les achever. (2)

Je pense bien avoir l'année prochaine l'occasion de les montrer quelque part. Je vous renouvelle en attendant, Monsieur, mes remerciements de l'empressement que vous avez bien voulu me manifester, en vous priant aussi de recevoir l'assurance de ma considération très distinguée.

Eug. Delacroix.

(1) Un article du nouveau règlement interdisait d'admettre au Salon plus de trois œuvres de chaque artiste. M. Delacroix se montra extrêmement blessé de cette mesure vraiment grossière quand elle s'appliquait à des artistes de son ordre. (Note de Ph. Burty).

(2) Ils restèrent à l'état d'ébauches et figurèrent sous les nᵒˢ 101-104 de la vente posthume ; voir pour le détail de chaque panneau le catalogue Robaut, nᵒˢ 1428-1435, 1451-1454 et 1992.

COUP DOUBLE

*Les Secrets d'une manufacture et le Mystère
d'une Correspondance*

(DOCUMENTS INÉDITS) (1)

Si le peintre Bachelier n'est pas compté parmi les
maîtres du XVIIIe siècle, il peut du moins être considéré
comme un des créateurs de l'art industriel. Il en jetait
les bases, le jour où il fondait son école gratuite de
dessin pour les ouvriers. Trois ans après, en 1766, quinze
cents élèves suivaient des cours dont des lettres-
patentes venaient de consacrer l'institution.

Bachelier soutint son œuvre avec ses ressources per-
sonnelles, que grossirent les souscriptions du gouvernement et des particuliers. En même temps, il démontra,
par son exemple, jusqu'où peuvent s'étendre les
conquêtes de l'art appliqué à l'industrie. Peintre de la
manufacture de Sèvres, il substituait ses modèles aux

(1) *Archives de la Bastille, 12185-12247.*

dessins chinois et apportait d'heureuses modifications dans la composition des couleurs et des vernis.

En outre, sa situation officielle lui permettait de rendre d'autres services qui n'avaient rien de commun avec l'art, bien qu'il le prît pour prétexte.

Une lettre qu'il écrivait, le 2 avril 1765, à Boilleau, le directeur de la manufacture de Sèvres, nous donnera le secret de cette double combinaison.

Bachelier demandait, comme un service, à son correspondant des perquisitions chez un certain Lassia dont il lui envoyait l'adresse avec le signalement, peu flatté, de l'individu :

«... Voici un abrégé de ses mœurs : sans talents, sans biens et sans occupation, il est richement vêtu, fait grande chère selon qu'il trouve des dupes... Une de ses ressources est de corrompre les femmes qui ont le malheur de le connaître pour les mettre à contribution. Il diffame celles qui lui résistent et montre les lettres des malheureuses victimes qu'il a séduites et déshonorées ..»

Bachelier indique d'autre part à Boilleau les personnes qui pourront édifier sa religion sur le compte de ce Lassia que ses violences rendent redoutable. Cet homme détient des lettres qu'un ami du peintre voudrait « retirer » pour une de ses parentes, menacée sans doute de quelque tentative de chantage. Et Bachelier donne les premières lignes de six lettres évidemment fort compromettantes pour la signataire :

1re. — « .... Monsieur, je vous fais avertir que papa m'a fait dire, etc. »
2e. — « .... Monsieur je suis fort étonnée qu'en me priant... »
3e. — « .... J'ai été on ne peut plus surprise de votre procédé.. »
4e. — « .... Je suis fort étonnée de votre indifférence. »
5e. — « .... Mon tendre ami, je n'ai rien à te refuser. »
6e. — « .... Oui, tendre ami, je n'ai rien de plus pressé... »

Le même jour, Bachelier écrivait une seconde lettre à Boilleau, pour l'avertir que Lassia avait des « cachettes » dans son appartement, ou bien qu'il portait ses lettres sur lui.

A quel titre, le directeur de Sèvres, servant les intérêts du client de Bachelier, pouvait-il réclamer des perquisitions dans un domicile privé?

En raison des droits exorbitants qu'un protectionnisme à outrance accordait aux établissements ou institutions privilégiés. Lassia était soupçonné d'avoir soustrait des secrets de fabrication à la manufacture et d'avoir tenté l'embauchage d'ouvriers français à l'étranger ; et le gouvernement de Louis XV ne plaisantait pas sur ce chapitre.

Or, dans l'espèce, la question était singulièrement embrouillée. Ce n'était pas directement, mais pour ainsi dire par ricochet, que Lassia cherchait à léser la manufacture de Sèvres. Il était en relations avec l'Alsacien Hannong, mauvais drôle de son espèce, qui, en échange d'une pension viagère de 1200 livres, avait vendu au Roi « le secret de la porcelaine de Saxe » ; et Lassia, chargé par son ami d'aller retirer d'un cabaret de la Courtille le portefeuille où cette composition était décrite en allemand, l'avait purement et simplement copié; puis il était entré en pourparlers avec des ouvriers de Sèvres pour les conduire à Londres : il était allé jusqu'à promettre à un « enfourneur » trois mille livres de rente viagère, s'il consentait à le suivre.

Hannong, prétendait Boilleau, avait d'autres méfaits sur la conscience. Lui aussi avait reçu des offres de l'Angleterre ; mais, avant d'y répondre, il avait voulu en finir avec la manufacture de Sèvres, alors que Lassia, n'ayant pas les mêmes intérêts, s'efforçait de le devancer. Hannong, appelé par ses engagements à travailler dans les ateliers de fabrication, avait manqué ses pièces de début. Il avait dû changer le four et les matières premières. Mais, tout en combinant ses nouvelles compositions de terres et de couleurs, il prenait des notes sur la construction des fours, la manière de les conduire et les degrés de chaleur nécessaires aux diverses couleurs. Quand il se retrouvait avec Lassia, il lui communiquait ses notes ; et, pour remercier son ami des calculs qu'il en déduisait, Hannong lui donnait des « figures peintes et non peintes, vernies et non vernies, des essais de porcelaine de Frankendal », des biscuits de toute nature.

Sur le désir qu'en exprima Boilleau au lieutenant de police Sartine, un inspecteur, nommé Buhot, descendit à l'improviste chez la sage-femme Dusautoy, qui logeait Lassia, et fit une perquisition dans l'appartement de celui-ci. Il saisit les porcelaines d'Hannong et les papiers de Lassia. On y trouva bien les lettres d'amour que réclamait Bachelier, et sur lesquelles nous reviendrons tout à l'heure ; mais on ne découvrit aucune pièce justifiant les préventions de Boilleau. Parmi les papiers, figurait un reçu d'Hannong, constatant que Lassia lui avait remis un portefeuille cacheté, contenant des « secrets pour la faïence et la porcelaine », et déposé primitivement chez l'aubergiste Haller. Lassia, interrogé par Buhot avant d'être écroué au Petit-Chatelet, se défendit énergiquement d'avoir « copié le secret ». — « Il l'a caché quelque part, ou le porte dans sa tête », conclut, avec son scepticisme coutumier, l'inspecteur de police.

Hannong reçut, à son tour, la visite de Buhot ; mais l'agent de Sartine trouva moins encore chez le pensionné du Roi ; si, peut-être, une lettre d'Hannong écrite d'Haguenau et datée de 1762, qui semblait plutôt faire honneur à sa probité d'inventeur. C'était une réponse à un industriel qui lui demandait « le secret de la faïence ». Hannong n'en était pas le propriétaire pour la France ni pour l'Allemagne, à un rayon de deux cents lieues de Paris et de Strasbourg ; passé cette distance, son correspondant pouvait exploiter le procédé, moyennant la somme, une fois donnée, de dix mille livres.

Buhot, malgré que la saisie ne confirmât en rien les assertions de Boilleau, n'en déclarait pas moins, dans son rapport du 13 mai, qu'Hannong et Lassia étaient capables de toutes les indélicatesses. C'étaient des maîtres escrocs qui avaient déjà eu maille à partir avec la police. Par contre, les lettres galantes trouvées en possession de Lassia, étaient de nature à justifier l'intervention de Bachelier. Les unes étaient adressées à Mlle Dubée, chez la comtesse de Lostanges, les autres à Mlle de Lostanges de Pont-Marquis, demeurant à Saint-Louis en l'île ou à Figeac. Or, Buhot se rappelait fort bien qu'en 1761, un certain baron de Wurtz, « hussard indien », avait eu une intrigue avec Mlle de Lostanges, et que la police avait dû exiler cette demoiselle en province.

Entre temps, Bachelier apprenant que l'interrogatoire de Lassia était proche, se hâtait d'adresser au lieutenant de police ce billet qui ne donne pas une très haute idée de la bravoure de l'artiste.

« MONSEIGNEUR,

« Informé que vous devez interroger le nommé Lassia
« sur les secrets de porcelaines qu'il a surpris au sieur
« Hannong, à qui le roi les a achetés 1.200 fr. de rente ;
« attaché depuis 15 ans à la manufacture royale de

« Sèvres, je n'ai pu me dispenser, Monseigneur, de
« donner au directeur les instructions qui m'ont été
« communiquées à ce sujet, pour prévenir les dom-
« mages qu'il en peut résulter pour la manufacture.

« Le portrait que l'on fait de cet homme, est bien
« capable d'effrayer un citoyen paisible. Il est heureux
« pour moi, qu'il ignore que j'ai part à sa détention.
« S'il le savait, je ne serais pas tranquille. C'est pour-
« quoi je vous supplie, monseigneur, de vouloir bien
« bien faire rayer mon nom sur les lettres écrites au
« sieur Boilleau. Je vous salue.

« BACHELIER. »

D'autre part, le 7 juin, le peintre avait demandé que
la correspondance amoureuse, saisie chez Lassia, fût
remise à lui ou à Le Brun — sans doute l'intermédiaire
de l'intéressée : « Vous sécherez les larmes qu'une
malheureuse victime de la séduction répand depuis
longtemps : elle me devra, monseigneur, sa réputation
et sa tranquilité. »

Lassia fut interrogé le 17 juin. Il reconnut bien avoir fait
des calculs pour Hannong, et en avoir reçu des porcelaines
comme cadeaux. Mais il nia énergiquement avoir copié
et gardé pour lui le secret de ces diverses compositions:
tout au plus l'avait-il traduit d'allemand en français,
sur la demande d'Hannong ; et il ne devait le porter à
Londres qu'autant que l'inventeur ne s'entendrait pas
avec Boileau.

Un second interrogatoire de Lassia, le 25 juin, fut
presque entièrement consacré aux lettres amoureuses
saisies à son domicile. Il prétendait les avoir « prises dans
la poche d'une demoiselle ». Il ne voulut en faire
connaître ni l'auteur, ni le destinataire : il se réservait

de les nommer à Sartine seul. Rien ne nous dit qu'il se soit déterminé à cette confidence.

En tout cas, la correspondance fut remise à Bachelier qui en signa un reçu et la brûla.

Ce jour même, Lassia sortait du Petit-Chatelet ; et son premier soin fut de la réclamer pour l'opposer, disait-il, « aux nouvelles persécutions que ses ennemis pourraient tenter contre lui » ; puis, comprenant sans doute qu'en jouant trop de cette corde, il s'attirerait une méchante affaire, il changea soudain de batteries : il se montra sentimental et chevaleresque.

« Plusieurs lettres, dit-il dans ses placets, appartiennent à des personnes de considération que le sieur Lassia ne peut ni ne doit faire connaître. Ces personnes, ayant appris sa fâcheuse aventure, ont été alarmées du sort des papiers dont il était dépositaire. On lui en demande compte ; le sieur Lassia, voudrait pouvoir les satisfaire : il a les plus fortes raisons pour ne pas les désobliger. Le sieur Lassia est au désespoir de ne pas pouvoir s'expliquer plus ouvertement, mais il se flatte qu'en considération de ce que ces papiers ne contiennent rien contre le roi, la remise ne pourra plus en être différée. »

S'il est à peu près certain que Lassia masquait d'un prétexte honnête la revendication de ses instruments de chantage, il est non moins évident que ses adversaires avaient dissimulé le vrai motif de la visite domiciliaire qui l'en avait frustré. Il était bien établi que le détenu était innocent des tentatives de vol et d'embauchage qui lui étaient imputées. D'ailleurs, dans l'opuscule très rare et très estimé, publié par Bachelier, en 1784, sur l'organisation de la manufacture de Sèvres, le peintre en signalait les côtés défectueux, mais ne parlait pas des brigandages reprochés à Lassia et à son complice. Par contre, le mémoire qu'il présenta, cinq ans après, à l'Assemblée Nationale sur l'*Education des filles*, eût peut-être trouvé dans l'histoire de Mlle de Lostanges le sujet d'une démonstration autrement suggestive.

PAUL D'ESTRÉE.

CHATEAUBRIAND

ET

LE LOUVRE

Depuis quatre siècles on travaille à l'achèvement du Louvre, et le Louvre n'est point achevé. La Cour carrée attend encore les balcons dorés qui devaient fermer les grandes baies du premier étage, les soubassements du XVIIe siècle, avec leurs puissants bossages, sont encore enfouis dans la terre, les salles du rez-de-chaussée de la Colonnade n'ont pas reçu leur ornementation, des ministères occupent de leurs innombrables bureaux des salles destinées aux chefs-d'œuvre de l'art, des monuments de cimetière et des squares anglais rompent, sans bonheur, les lignes de perspective de l'axe du palais, enfin, la reconstitution des Tuileries de Philibert Delorme, attend son heure, pour compléter, un jour, le Louvre en fermant le quadrilatère de l'immense édifice.

En attendant l'exécution de ces grands projets auxquels travailleront des générations d'artistes, l'architecte actuel du Louvre, M. Redon, remet de l'ordre et du style dans les débris et les espaces dévastés, que nous a légué la Commune de 1871. Les deux grandes statues qui garderaient l'entrée de la grille du Carrousel, vont être rapprochées de l'Arc-de-Triomphe de Percier et Fontaine, et formeront ainsi un ensemble ; enfin, le jardin des Tuileries va se prolonger en parterres sur le terre-plein aride, qui formait autrefois la cour des Tuileries. L'entreprise est heureuse : espérons qu'elle se continuera par la suppression des petits jardins anglais qui s'étalent au fond du Carrousel et par le déplacement des monuments funèbres qui s'y élèvent. On y voyait jadis des masures ; mais, au moins, étaient-elles pittoresques. Les produits du grand art qu'on y voit aujourd'hui, affligent le regard sans l'intéresser.

A ce propos, il est curieux de reproduire une lettre que Châteaubriand, dans les dernières années de la vie, adressait au Directeur de l'*Artiste*.

« Voici Monsieur, sans autre préambule, quel serait mon plan si j'étais architecte ou Roi.

« J'abattrais les deux adjonctions massives qui lient le pavillon Marsan et le pavillon de Flore au palais de Philibert Delorme ; j'isolerais ce charmant palais, et j'étendrais le jardin à l'entour, jusqu'à la huitième arcade au-delà de la grille qui ferme la cour, sur la place du Carrousel. Lorsque les deux adjonctions seraient démolies, il resterait nécessairement au château des Tuileries, deux façades nues, l'une au midi, et l'autre au nord. Je les ornerais dans le style de l'édifice primitif ; je raserais les toits de cet édifice, qui se couronnerait de ses balustrades, en diminuant la hauteur du pavillon du milieu, surchargé de constructions post-œuvres.

« Cela fait, Monsieur, je jetterais par terre le pavillon Marsan et le pavillon de Flore ; je couperais de la galerie du Louvre et de la galerie correspondante sur la rue de Rivoli, trois arcades, pour élever en leur place deux pavillons harmoniés avec le palais isolé des Tuileries, pavillons auxquels viendraient s'appuyer et se terminer les deux longues galeries parallèles. Si ces pavillons étaient bâtis sur l'emplacement même des masses carrées que je veux extirper, ils masqueraient latéralement le chef-d'œuvre de Philibert Delorme, et l'on viendrait toujours en passant le Pont-Royal, se casser le nez contre un mur. Les deux nouveaux pavillons, bâtis en retraite, découvriraient un ensemble d'élégante architectnre, se jouant au milieu des arbres.

« Lorsque je porte le jardin des Tuileries jusqu'à la huitième arcade au-delà de la grille du Carrousel, c'est que je veux faire entrer l'Arc-de-Triomphe dans le jardin même : trop petit comme monument sur un immense forum, il serait charmant comme fabrique dans un jardin. Ce jardin serait clos sur le Carrousel par une grille de fer dorée.

« A partir de la porte bâtie qui sépare la nouvelle galerie et l'ancienne galerie du Louvre, je planterais un autre jardin, en faisant disparaître l'amas de maisons qui encombrent le reste de la place. Ainsi, quand on irait d'une rive de la Seine à l'autre, du quartier Saint-Germain au quartier Saint-Honoré, on passerait entre deux magnifiques palais et deux superbes jardins. L'espace entre les deux grilles, serait d'environ trois cent soixante-quinze pieds, ce qui permettrait d'établir de larges trottoirs, à l'orée des deux grilles.

« Il ne m'en coûte pas davantage, Monsieur, puisque j'ai le marteau, la truelle et la bêche à la main, d'achever mon ouvrage.

« A l'est, en face de la colonnade du Louvre, je renverse ces laides habitations qui cachent la rivière et le Pont-Neuf, et qui font la moue au chef-d'œuvre de Perrault ; j'arrache les masures accolées dans les angles et aux murs de Saint-Germain-l'Auxerrois ; j'entoure d'arbres cette basilique, et je la laisse subsister comme mesure et échelle de l'art et des siècles, en face de la Colonnade du Louvre.

« A l'ouest, au-delà du jardin des Tuileries, j'exécute bien autre chose, Monsieur. Au milieu de la place Louis XV, je fais jaillir une grande fontaine, dont les eaux perpétuelles, reçues dans un bassin de marbre noir, indiqueraient assez ce que je veux laver. Quatre autres fontaines plus petites, aux quatre angles de la place, accompagneraient cette fontaine centrale. J'appliquerais sur les deux massifs d'arbres des Champs-Élysées, à droite et à gauche, deux colonnades doubles à jour, pour donner une limite à la place. J'achève la Madeleine, cela va sans dire ; je prends sur le pont Louis XVI les colosses qui l'écrasent, et je les aligne en avenue, le long de l'avenue publique qui traverse les Champs-Élysées. Au rond-point, j'élève un des deux obélisques qui nous viennent d'Égypte, et je termine l'arc de l'Étoile. Eh bien ! Monsieur, je prétends que de cet Arc-de-Trtomphe à l'église Saint-Germain-l'Auxerrois, cette suite de monuments, de statues, de jardins, de fontaines, n'aurait rien de pareil dans le monde ; et, comme d'après ce plan, il s'agit moins d'édifier que d'abattre, c'est le plus économique de tous ceux que l'on pourrait adopter. Déjà, des fonds ont été faits, pour l'embellissement de la place Louis XV, et je crois, sauf erreur, qu'un grand nombre des hôtels et des maisons qui obstruent la partie supé-rieure de la place du Carrousel, appartiennent au Gouvernement. Les matériaux des démolitions, ou vendus, ou employés, serviraient à diminuer les frais des constructions nouvelles.

« Je n'ai pas besoin de faire remarquer que les inégalités de niveau et de terrain, les défauts de symétrie et de parallélisme des monuments du Louvre et des Tuileries, s'évanouissent dans les décorations de mes jardins. Celui qui occuperait la cour actuelle du château des Tuileries, devrait être planté en arbres verts. Ces arbres se marient bien à l'architecture par leur port pyramidal ; ils formeraient une promenade d'hiver au centre de Paris.

« Vous allez me demander, Monsieur, ce que je fais du palais de Philibert Delorme ? Un musée de choix, où je dépose nos plus belles statues antiques, et les tableaux de l'école italienne : nous n'aurions plus rien à envier aux villas Borghèse et Albani.

« Et si je suis architecte ou Roi, où me loge-t-on ? Architecte, dans une attique de Philibert Delorme ; Roi, au Louvre.

« CHATEAUBRIAND. »

« P. S. — Je n'ai pas fini, Monsieur, j'oubliais de vous dire qu'il me faut absolument dans les Tuileries, une balustrade de marbre entre-coupée de vases et de statues, le long de la terrasse de l'eau.

« Le petit parapet de pierre qui borde cette terrasse, est d'une pauvreté qui contraste misérablement avec la pompe du Jardin. »

Comme on le voit, une partie du rêve de Château-briand a été réalisé, les fontaines de la Place de la Concorde, la perspective des Champs-Élysées, l'achè-vement du Louvre. Les travaux, en cours d'exécution aujourd'hui, semblent le compléter. Le jardin des Tuileries, va entrer dans la Place du Carrousel et entou-rer de ses feuillages le petit Arc-de-Triomphe. Quant aux Tuileries de Philibert Delorme, le grand poète les voit, isolées au milieu des arbres verts, converties en un musée de choix, pour les antiques qui grelottent dans les salles humides du vieux Louvre. Cette pensée, qu'il fut peut-être le seul à formuler au temps où la royauté demeurait aux Tuileries, à fait son chemin depuis quel-ques années. La place est rase, les plans de Philibert Delorme sont connus, les architectes sont prêts ; il ne manque qu'une direction souveraine qui ordonne l'achèvement définitif de cette suite de palais uniques, qui s'appelle le Louvre, et qui représente les gloires séculaires de la France.

***

MÉNAGE D'ARTISTE

(DOCUMENT INÉDIT)

Comme nous l'avons démontré dans une étude publiée en 1892, par la *Nouvelle Revue Rétrospective*, les papiers de l'Inspecteur de police Meusnier (1), sont une mine féconde en surprises et en révélations de toute sorte. A chaque page, on y découvre quelque document nouveau pour l'histoire du xviiie siècle ; c'est ainsi qu'un rapport inédit, dû à la plume de l'actif policier, nous conduit dans le monde des artistes, où le drame côtoie souvent de si près le vaudeville.

Claude Drevet, le neveu et l'élève du grand P. Drevet, avait accusé formellement sa femme de vouloir le tuer. Ce fut Meusnier qui fut chargé des informations préliminaires. Le rapport, résultant de son enquête, est trop intéressant pour que nous ne le publiions pas dans son intégralité.

« Le sieur Claude Drevet, graveur du Roi aux galeries du Louvre, demande que Catherine Guillaume Baudry, sa femme, soit conduite à ses frais, dans la maison du Repentir, à Amiens.

Du 7 mai 1755.

« MONSIEUR,

« En conséquence de vos ordres et des pièces ci-jointes, j'ai vu le père Boyer, religieux théatin, qui a reconnu avoir délivré au sieur Drevet,

(1) *Archives de la Bastille,* 10252.

le certificat ci-reporté, par lequel il atteste avoir été consulté par le sieur Samson, sur la proposition que lui a faite la dame Drevet, de tuer ou d'empoisonner son mari.

« J'ai eu ensuite une conversation avec le sieur Samson, de laquelle il résulte, qu'il a fait la connaissance de la dame Drevet, au mois de janvier dernier, dans un bal où elle se trouva, qu'elle se rendit facilement à ses sollicitations, et vint le trouver dans sa chambre, sous la condition qu'il lui rendrait un service, sans lui dire de quelle nature il pouvait être, lui alléguant que le temps de lui confier ce secret n'était pas encore arrivé.

« Ce ne fut donc que plus de trois mois après, qu'elle crut avoir assez d'empire sur le cœur du sieur Samson, qui l'aimait effectivement, qu'elle lui fit part du dessein où elle était, de se défaire de son mari. Et, pour cela, elle lui proposa deux moyens : le premier, de lui faire emplette de sublimé corrosif, qu'elle mettrait elle-même dans une bouteille de vin doux. Il n'y aurait que son mari qui en boirait et que, comme il était sujet à l'apoplexie, on attribuerait la cause de sa mort à quelque révolution de sang, et non au poison. Le second, était de l'assassiner, soit à coup d'épée, soit à coup de canne, lorsqu'il revient, le soir, de lire sa gazette, sur le quai des Augustins.

« Le sieur Samson frémit à l'une et à l'autre proposition. Mais, voyant cette femme ferme dans son dessein, et ayant inutilement employé tout ce que la Religion et l'amour qu'il avait pour elle, purent lui dicter dans ce moment, il rompit tout commerce avec elle. Mais, craignant ensuite qu'elle ne trouvât un homme assez misérable, pour se charger de l'exécution du crime qu'elle médite, et la jugeant capable de commencer par lui, pour qu'il ne puisse révéler le secret abominable dont elle l'a fait dépositaire, ou que si, par hasard, elle lui faisait grâce sur ce point, on ne trouvât des lettres signées de lui, qui prouveraient leur correspondance, et pourraient jeter des soupçons injurieux à sa conduite, à ses mœurs, et à sa façon de penser, il a d'abord consulté un avocat, qui lui a conseillé de faire la démarche qu'il a faite auprès du sieur Boyer.

« Le sieur Samson a été dans le service et réformé à la paix. Il demeure rue Pavée-Saint-Denis, près la rue Tiquetonne, au Lion-d'Or. Il est fils du sieur Samson, qui a été tué, il y a quelques années, dans le parc de Versailles.

« La dame Drevet ne s'en tient point à un seul. Pendant le cours de son intrigue avec le sieur Samson, elle avait et a encore, ainsi qu'il est justifié par une lettre ci-jointe, le sieur Decamp, chevalier de Saint-Louis, demeurant à la porte Saint-Honoré.

« Le sieur La Tour, peintre chez M. de la Poupelinière. Il y a aussi une lettre qu'elle lui adresse.

« Le sieur Perrin, de Metz, ci-devant commis au bureau du sieur Mayonnade, et depuis quelques jours, nommé au magasin de fourrages de Colmar.

« Le sieur Vernet, le jeune, marchand au Lion-d'Or, rue Saint-Honoré.

« Et nombre d'autres.

« Cette femme sort presque tous les jours, et ne rentre souvent qu'à deux ou trois heures du matin, lorsqu'elle ne découche pas.

« Elle se travestit aussi en homme.

« Son mari a chassé plusieurs servantes de sa maison, parce qu'elle les corrompait toutes. Elle a encore gagné celle qui y est aujourd'hui, pour recevoir ou porter ses lettres, ou pour lui ouvrir la porte, lorsqu'elle revient à des heures indues ; et il n'ose la mettre dehors, ainsi qu'il a fait des autres, dans la crainte qu'elle ne se porte à l'extrémité où elle veut en venir.

« Il y a neuf ans que le sieur Drevet a épousé cette femme ; et, trois mois après son mariage, il s'est aperçu de son dérangement et de son mauvais caractère. Pour fournir à ses plaisirs, elle a vendu nombre d'effets et de bijoux de son ménage, notamment des boucles d'oreilles de 1.800 livres, qu'elle a données pour 600.

« Elle est fille du sieur Baudry, mort, il y a huit ans et demi. Il était procureur au Châtelet, et intendant de feu M. le Maréchal de Saxe.

« Sa mère, qui n'a jamais rien valu, est en province, et vit, à ce qu'il (Drevet) dit, avec un curé. Sa sœur, veuve de M. André, commissaire, est actuellement en Hollande avec l'écuyer de M. de Bonnac.

« Le sieur Drevet, qui s'apercevait des mauvais exemples que ces deux femmes donnaient à la sienne, les a chassées, dans le temps, de chez lui, mais, par l'évènement, il n'y a rien gagné : « Heureusement, dit-il encore, qu'il n'a point eu d'enfants de son mariage. »

« Dans cette position, il supplie le magistrat de lui accorder des ordres, pour que la dame Catherine Guillemette Baudry, sa femme, soit conduite à ses frais, dans la maison du Repentir, à Amiens. Il offre par la soumission ci-jointe, de payer sa pension.

« M. Coustard, procureur au Parlement, à cause de sa femme, est oncle de Mme Drevet.

« Elle a encore, du côté de son père, un oncle qui est chanoine à Étampes. »

Ces derniers renseignements ont leur importance, si on les rapproche de l'indication suivante que nous empruntons à l'*Essai sur les hommes et sur les monuments* (1734) de Titon du Tillet : « La générosité de M. Coustard, contrôleur général à la grande Chancellerie et celle de son fils, conseiller au P^t de Paris, doit avoir ici sa place. Ils ont fait peindre par le fameux Rigaud les portraits de la Fontaine, de Santeul et de Despréaux. Le portrait de ce dernier a été gravé, à leurs frais, par Drevet et distribué gratuitement à toutes les personnes de distinction et des belles-lettres qui le lui ont demandé. »

Le Procureur au Parlement, oncle par alliance de Mme Drevet, appartenait évidemment à la famille de ces Mécènes. En tout cas, il fit un triste cadeau à Claude en lui donnant sa nièce, si tant est qu'il fût l'auteur de ce mariage.

Quelle fut la suite de cette mystérieuse affaire ? Nous l'ignorons ; mais il est vraisemblable que Catherine Baudry fut, comme tant d'autres pécheresses de son temps, enfermée par lettre de cachet à la Salpêtrière ou à Ste-Pélagie.

PAUL D'ESTRÉE.

DE LA DIRECTION ACTUELLE

DES BEAUX-ARTS

ET

DE LEUR AVENIR

———

Nous sommes devenus un peuple essentiellement artiste ; nous élevons des statues à nos grands hommes ; nous dressons des colonnes et des obélisques sur nos places publiques ; nous remplissons nos jardins des ouvrages de la sculpture moderne ; nous couvrons de peintures les murailles du Panthéon et les plafonds de nos théâtres ; nous bâtissons des églises et des gares monumentales ; nous créons des musées ; nous restaurons les vieux palais de nos rois, les antiques basiliques de notre religion ; la passion des arts a tellement multiplié ses œuvres, qu'il n'a pas suffi d'un salon tous les trois ni tous les deux ans, mais il a fallu ouvrir, chaque année et toute l'année, ces immenses galeries qui étalent les trois mille productions sorties des mains de la foule de nos artistes.

Certes, jamais l'art n'a pris en France un aussi vaste essor, jamais il ne s'est emparé aussi exclusivement de l'attention et des goûts du public, jamais il n'a servi à occuper un aussi grand nombre d'individus. A aucune époque de l'histoire vous ne verrez, en France, en un si petit espace d'années, une aussi imposante quantité d'ouvrages distingés à différents titres. C'est en face de toutes ces productions de l'école moderne, que je veux chercher à juger son caractère, ses tendances, ses progrès, sa valeur et son avenir.

Pendant ces dix années de débats dans les arts et la poésie, il a été beaucoup question de la régénération de l'art, mais comment l'a-t-on entendue ? L'on s'est occupé, pour la poésie, de la versification, des enjambements, des épithètes pittoresques à substituer aux épithètes abstraites, des unités du drame, de la couleur locale ; pour la peinture et la sculpture, du nu, du costume, de la supériorité du coloris sur le dessin, en un mot, toute la polémique a exclusivement porté sur la forme et le technique de l'art. Le résultat définitif de ces discussions a été la théorie de l'art indépendant de toute idée, vivant dans sa sphère libre et solitaire, n'ayant d'autre but que lui-même, sa propre création, sans limites, sans contrôle, sans guide.

Remarquez que cette théorie était la seule expression possible, dans l'art, d'une société qui consent à exister sans croyance, sans autorité, sans but. L'homme sorti du sein du catholicisme, n'a plu qu'à se contenter lui-même dans ses fantaisies, dans toutes les formes variées, belles ou grotesques, rêvées par son imagination.

Ne cherchez pas à l'arrêter en lui demandant où il va, quelle est sa pensée ? il vous répondra fièrement : Peu vous importe ! je vais où il me plaît ; ai-je réussi ? vous ai-je amusé ? vous ai-je fait rire ou pleurer ? Voilà toute votre affaire. — Mais vous outragez la religion, mais vous blessez la morale, mais vous violez la vérité historique ! — Eh ! peu vous importe ! il ne s'agit ici ni de religion, ni de morale, ni d'histoire ; l'œuvre que voici est une œuvre de poésie ou d'art ; c'est un drame, une comédie ou une ode. c'est un tableau ou une statue. Ce drame, cette comédie, cette ode sont-ils poétiquement écrits, les caractères sont-ils tracés et suivis avec vérité et énergie, les images sont-elles pittoresques, en harmonie avec le ciel, avec la terre, avec toute la scène de l'action? Dans ce tableau, le coloris est-il vrai, chaud, le clair-obscur bien rendu, le dessin pur, exact? Les chairs de cette statue sont-elles transparentes, le corps est-il modelé avec habileté? Voilà le cercle des questions dans lequel il faut vous renfermer, l'art n'est pas audelà.

Qu'est-ce donc que cette formule? ce n'est pas autre chose, pour la poésie et les beaux-arts, que le divorce brutal de l'inspiration et du technique; c'est l'homme agenouillé devant la forme, comme devant le veau d'or, prostituant son âme et sa pensée à une idole ; c'est l'art mis hors la loi religieuse, hors la loi morale; c'est l'abdication de l'intelligence humaine ; c'est l'anéantissement des nobles tendances de nos facultés vers l'infini, vers l'idéal, vers un type de toute beauté; c'est la lutte éternelle et fatale du bien et du mal, du beau et du laid. Avec cette théorie vous excuserez toutes les infamies, quand vous pourrez dire en face d'une œuvre ou d'une action : il y a de l'art là-dedans !

Voilà dans quelle voie l'esthétique romantique a entraîné la poésie et les beaux arts de notre époque. Le romantisme, dans sa querelle avec la vieille école, était, tout aussi bien que celle-ci, placé sur un terrain stérile, en ce sens que l'un et l'autre ne voyaient la régénération de l'art que dans le perfectionnement de la forme. La littérature, nous l'avons assez vu à notre honte, a subi la peine de cette fausse direction. Le théâtre et la foule des publications quotidiennes nous ont étalé tous ces ouvrages dans lesquels la nature humaine a été ravalée à plaisir, exploitée par son côté ignoble ou grotesque, dans lesquels on a livré au grand jour les mystères de ses lâchetés et de ses débauches. Eh! bien, pourquoi a-t-on toléré et loué tant de turpitudes? pour un respect aveugle de la forme, pour un style facile, élégant chez celui-là, animé et pittoresque chez cet autre, pour l'art de mettre les personnages en action, d'échauffer la scène, de raconter une nouvelle, de décrire un intérieur ou un site.

La peinture, détournée par l'influence des théories littéraires, de toute grande inspiration religieuse et morale, s'est exclusivement renfermée dans des études de costume, dans l'imitation du style des différentes écoles étrangères, dans la copie servile de la nature extérieure. En parcourant les Expositions, vous voyez dans cette multitude de toiles, un grand nombre d'artistes doués d'une remarquable habileté d'exécution, dont les œuvres attestent une intelligente pratique de leur art, mais vous ne rencontrez aucun effort de pensée, aucune intention élevée, rien qui vous montre que ces artistes ont senti en eux le souffle d'une puissante inspiration. Dans le choix d'un sujet, ils ne sont pas déterminés par la moralité de l'action, par l'émotion que peut leur causer tel grand fait historique, tel acte de dévouement; ils ne sont préoccupés que du côté extérieur et tout matériel de la scène qu'ils veulent représenter, des costumes des personnages, de leurs poses et de leurs gestes, de tout cet ensemble capable, par l'attrait seul de la forme, d'attirer les regards du public.

Quand nos artistes se sont mis à exploiter le moyen âge, ils n'ont pas songé à s'inspirer de l'idée créatrice de tant de gracieuses et sublimes merveilles, ils se sont contentés de reproduire superficiellement la rouille qui les couvrait; ils ont copié minutieusement le moyen âge dans ses costumes, ses armures, ses intérieurs, ses gestes, ils l'ont ressuscité enfin, sans la pensée qui l'avait enfanté, qui en était la vie, l'âme; aussi leur art n'a-t-il été qu'un mannequin, un froid pastiche, une magnifique pétrification.

Si nous montrons quelque sévérité dans ce jugement sur les beaux arts, c'est qu'il nous paraît urgent de réagir contre la fausse direction dans laquelle ils sont engagés, et au bout de laquelle nous ne voyons qu'impuissance et avortement. Ces vérités sont bonnes à dire surtout aux approches de l'ouverture du Salon. Il fait peine de voir se disposer en pure perte, sans profit pour la société et la civilisation, une masse de talents semblable à celle que nous présentent les Expositions annuelles.

Je l'avoue, il m'est impossible de croire que le don inestimable de la poésie et de l'art ait été départi â l'homme pour un autre but que celui de représenter la céleste image de perfection, que la divinité a placée en notre âme, et vers laquelle il nous appelle sans cesse par la voix du poète et de l'artiste. Toute œuvre de poésie et d'art qui ne réveille pas en nous cette ineffable aspiration, peut être d'une exécution matérielle et technique plus ou moins remarquable, mais ce n'est que de la poésie et de l'art très secondaires. N'était-ce donc pas là, aussi, la pensée des vieux maîtres d'autrefois ? Pour ces sublimes génies, la peinture et la statuaire ɳ'étaient, comme la musique et la poésie, que des langues diverses qu'ils avaient reçues de Dieu pour chanter sa gloire. celle de son divin fils et de sa divine mère, pour célébrer la mémoire de leurs saints et conserver leurs traits vénérés. A leurs yeux, le technique de l'art était un moyen et non pas un but; c'était la forme qui leur servait à réaliser les types de beauté qu'ils couvraient dans leur imagination, à représenter les croyances de leur siècle. Ces grands artistes, loin de se renfermer dans l'étude exclusive des procédés matériels, s'inspiraient de toutes les hautes idées poétiques et philosophiques, ils se passionnaient pour tous les débats de la pensée, ils vivaient dans l'intimité des intelligences élevées de leur temps. Le génie du Dante, de Pétrarque, nourrissait et fécondait celui de tous les artistes des XVe et XVIe siècles ; on sait la passion de Michel-Ange pour le Dante ; Léonard de Vinci était philosophe et poète ; Raphaël vivait familièrement avec tous les hommes distingués de la cour de Léon X.

En Grèce surtout, vous ne trouverez pas l'art isolé du mouvement intellectuel et social ; sous Périclès et Phidias, la statuaire se liait à la philosophie de Socrate et s'explique par elle. Toute l'histoire nous montre ce développement parallèle et harmonique de l'art avec la religion, la philosophie et la morale. C'est donc un phénomène inouï que cette matérialisation absolue des arts dans notre époque, leur isolement de toutes les autres branches des connaissances humaines, cet état où ils se sont volontairement réduits de ne créer qu'avec les mains et pour les yeux, et nullement avec l'intelligence et pour l'intelligence. Je me rappelle, à ce sujet, une fort belle page d'un des plus délicieux contes d'Hoffmann, l'*Église des Jésuites*. Ce sont des conseils adressés à un jeune paysagiste ; ceux de notre école peuvent en faire leur profit :

« Tu es tombé dans une grande erreur, jeune homme ; je te dis encore une fois que tu aurais pu devenir quelque chose ; car tes ouvrages montrent visiblement un effort pour tendre à des idées élevées ; mais tu n'atteindras jamais à ton but ; car le chemin que tu suis n'y conduit pas. Retiens bien ce que je vais te dire : peut-être parviendras-tu à ranimer la flamme qui dort en toi, et à t'éclairer de sa lueur, alors tu reconnaîtras l'esprit véritable des arts. Me crois-tu assez insensé pour subordonner le paysage au genre de l'histoire, et pour ne pas reconnaître que ces deux branches de l'art tendent au même but ? — Saisir la nature dans l'expression la plus profonde, dans le sens le plus élevé, dans cette pensée qui entraîne tous les êtres vers une vie plus sublime ; c'est la sainte mission de tous les arts. Une simple et exacte copie de la nature peut-elle conduire à ce but ? — Qu'une inscription dans une langue étrangère, copiée par un scribe qui ne la comprend point et qui a laborieusement imité des caractères inintelligibles pour lui, est misérable, gauche et forcée ! C'est ainsi que les paysages de ton maître ne sont que des copies correctes d'un original écrit dans une langue étrangère pour lui. — L'artiste initié au secret divin de l'art entend la voix de la nature qui raconte ses mystères infinis par les arbres, par les plantes, par les fleurs, par les eaux et par les montagnes : puis vient sur lui, comme l'esprit de Dieu, le don de transporter des sensations dans ses ouvrages. Jeune homme, n'as-tu pas éprouvé quelque chose de singulier en contemplant les paysages des anciens maîtres ? Sans doute, tu n'as pas songé que les feuilles de tilleul, que les pins, les platanes étaient plus conformes à la nature, que le fond était plus vaporeux, les eaux plus profondes ; mais l'esprit qui plane sur cet ensemble t'élevait dans une sphère dont l'éclat t'enivrait. Étudie donc la nature avec assiduité, avec exactitude, afin de t'approprier la pratique nécessaire pour la reproduire ; mais ne prends pas la pratique pour l'art même. »

Hoffman avait donc compris que l'exécution même la plus habile, la plus originale, ne suffit nullement pour devenir une œuvre d'art. C'est ce que je voudrais voir comprendre aussi à tous nos jeunes et si intelligents artistes.

L'avenir des Beaux-Arts en dépend. Aujourd'hui la question n'est plus seulement celle du perfectionnement de la forme et de la pratique, mais pour l'art comme pour la science, la philosophie, pour la société entière, c'est d'une inspiration morale qu'il s'agit, laquelle peut seule féconder toutes les richesses de procédés, toutes les ressources d'exécution, les secrets et les finesses de métier qui distinguent les ouvrages des principaux artistes de notre école du XIXe siècle.

Quelle doit être cette inspiration ?

« La question que M. Al. de Saint-Chéron posait ainsi dans l'*Artiste* de 1836, en ces pages éloquentes que l'on croirait écrites d'hier ; — cette question est celle qui tourmente encore les artistes d'aujourd'hui. Elle n'avait pas sa raison d'être à des époques d'unité dans les croyances et de respect dans les traditions, mais à l'heure actuelle, où les unes et les autres se sont effondrées, l'avenir de l'art dépend de la solution qui lui sera donnée. En vérité, il semble que toute inspiration d'ordre supérieur étant éteinte, il ne reste plus que le réalisme. C'est la thèse que soutenait Fernand Desnoyer, Les arguments qu'il développe ne sont pas sans valeur ; ils garderont cet intérêt jusqu'au jour où s'ouvrira une nouvelle source d'inspiration morale. Le réalisme nous donnera au moins des œuvres de solide facture, et c'est tout ce que nous pouvons désirer en un temps où le métier de peintre, devenu industrie, descend parfois jusqu'à la plus médiocre fabrication.

Écoutons la riposte de Fernand Desnoyer.

Cet article n'est ni la défense d'un client ni le plaidoyer pour un individu, il est un manifeste, une profession de foi ; il commence comme une grammaire, comme un cours de mathématiques, par une définition :

Le Réalisme est la peinture vraie des objets.

Il n'y a pas de peinture vraie sans couleur, sans esprit, sans vie ou animation, sans physionomie ou sentiment. Il serait donc vulgaire d'appliquer la définition qui précède à un art mécanique : l'esprit ne se peint que par l'esprit, d'où il suit qu'il serait impossible à beaucoup de gens de lettres de faire le portrait d'un homme spirituel.

(Peut-être quelques lecteurs intelligents trouveront-ils inutile de défendre un art dont la base est la vérité et qui acclame toutes les manifestations de l'esprit humain, à la condition qu'elles soient sincères et individuelles, qu'elles viennent de l'imagination ou de la mémoire, de la réflexion ou de l'observation. Cependant il faut bien défendre puisqu'on *attaque*.)

Le paysagiste, qui ne sait pas remplir d'air son tableau, et qui n'a la force que de rendre exactement la couleur, n'est non seulement pas un peintre réaliste mais même un peintre ; car la physionomie, l'esprit, la vie d'un paysage, c'est l'air.

L'écrivain qui ne saît dépeindre les hommes et les choses qu'à l'aide de traits convenus et connus, n'est pas un écrivain réaliste : il n'est pas écrivain du tout.

Le mot réaliste n'a été employé que pour distinguer l'artiste qui est sincère et clairvoyant, d'avec l'être qui s'obstine, de bonne ou de mauvaise foi, à regarder les choses à travers des verres de couleur.

Comme le mot vérité met tout le monde d'accord et que tout le monde aime ce mot, même les menteurs, il faut bien admettre que le réalisme, sans être l'apologie du laid et du mal, a le droit de représenter ce qui existe et ce qu'on voit.

Or Vénus est rare, et il y a longtemps que les nymphes diaphanes et les dieux aux arcs d'argent ont fui nos bois et notre ciel et se sont réfugiés dans de certains volumes et tableaux.

On ne conteste à personne le droit d'aimer ce qui est faux, ridicule ou déteint et de l'appeler idéal et poésie ; mais il est permis de contester que cette mythologie soit notre monde dans lequel il serait peut-être temps de faire un tour.

D'ailleurs, on abuse de la poésie. On la met à toute sauce, et ce n'est pas le cas de dire que la sauce fait le poisson.

La poésie pousse comme l'herbe entre les pavés de Paris. Elle est rare, et quand il s'en trouve un brin, les pieds-plats l'ont bien vite écrasé. Laissons la poésie tranquille ! Chaque époque, chaque être a la sienne, et cependant il n'y en a qu'une. Arrangez-vous. Quant à moi, je crois que cette poésie que chacun peut avoir dans sa poche, se trouve aussi bien dans le laid que dans le beau, dans le fantastique que dans le réel, pourvu que la poésie soit naïve et convaincue et que la forme soit sincère. Le laid ou le beau est l'affaire du peintre ou du poète : c'est à lui de choisir et de décider ; mais à coups sûr la poésie, comme le Réalisme, ne peut se rencontrer que dans ce qui existe, dans ce qui se voit, se sent, s'entend, se rêve à la condition de ne pas faire exprès de rêver. Il est singulier à ce propos qu'on se soit spéciale-ment suspendu aux pans de l'habit du Réalisme, comme s'il avait inventé la peinture du laid. Je voudrais bien que l'on m'indiquât le poète ou le peintre dont l'œuvre ne renferme pas quelques monstres et beaucoup d'horreurs ? Est-ce Shakspeare ou Rembrandt ? Raphaël même ou Homère ? Perse ou Rubens ? Véronèse ou Rabelais ? La plupart des difformités invraisemblables, des énormités hideuses, tout ce qui est matière à dégoût, horreur et épouvante, a été inventé ou dépeint par les grands artistes du passé. Racine lui-même se complait dans la peinture des vilaines passions et de monstres odieux que vomit la plaine liquide. Il est moins pardonnable à Albert Durer de nous avoir montré les faces atroces des Israélites diluviens qu'aux peintres actuels de nous faire voir des nudités du jour, certainement moins affreuses que celles qu'on rencontre en général, et qui d'ailleurs à aucun titre ne justifieraient le reproche du peinture du laid, puisqu'elles s'épanouissent dans la belle nature, sous des verdures pleines de couleurs et de frissons. Ne faudrait-il pas, pour satisfaire le goût des prétendus amateurs du beau, mettre les scellés sur les mœurs qui ne sont pas pures, et les nez qui ne sont pas ioniens ? qu'ils prennent une glace et qu'ils ne sortent plus de chez eux, alors. L'antiquité surtout, surtout, la mythologie qui est beaucoup plus vraie qu'on ne le pense, regorgent d'abominations. Les types les plus repoussants, peints ou imprimés, se trouvent dans les bibliothèques et dans les musées ; il n'y a point de critiques qui s'en effarouchent. Que les réalistes jouissent de la même liberté ! si les gens en paletot qui passent devant nos yeux ne sont pas beaux ; tant pis ! ce n'est pas une raison de mettre une redingote à Narcisse ou à Apollon. Je réclame le droit qu'ont les miroirs. pour la peinture comme la littérature.

Les aventures d'à présent ne sont pas moins étonnantes, réjouissantes et invraisemblables que celles des temps passés. Il y a même beaucoup de bourgeois dont l'existence n'excitera pas moins la curiosité dans quelques siècles que celles de Mercure et de Jupin ; les figures que nous rencontrons sont aussi grotesques que bien des têtes conservées par l'art grec, et la Bourse de Paris ressemble au Parthénon. Tout cela devrait engager les amateurs, membres de l'Institut et conservateurs, à sortir un instant de Claros et de Trézène, à descendre de l'Olympe et du double Mont, où les confine depuis si longtemps l'amour du beau.

D'autres s'obstinent non moins utilement à se promener dans les longues allées des parcs de Watteau. Les marronniers de ces messieurs sont encore en fleurs au mois de novembre ; il y a toujours des frou-frou de soie dans les bosquets pommadés, et les fleurs sentent la vanille et le patchouly ; l'eau qui s'élance au-dessus des massifs ne cesse pas d'être irrisée, dans un air couleur d'arc-en-ciel.

Quant aux romantiques, depuis qu'ils n'ont plus à exterminer la famille des Atrides, leurs moustaches d'hidalgo ressemblent absolument à celles des vieux de la vieille. Les plumes de leurs feutres, les rubans de leurs pourpoints ont déteint. C'est en vain qu'ils prennent les volets de Paris pour les jalousies de Séville et qu'ils fredonnent d'une voix chevrotante l'air de l'*Andalouse*, pas un soupir ne filtre à travers les persiennes derrière

lesquelles ne se fait entendre nul frôlement de robe effa-
rouchée surprise par quelque fantôme de Bartholo. La
rue de Rivoli, semblable à une flamberge, a traversé de
part en part le vieux Paris. C'était là seulement que les
romantiques pouvaient rêver au moyen-âge ! Il ne leur
reste plus que leurs dagues, vieilles ferrailles dont le
cliquetis ne se fait entendre que dans les feuilletons de
d'Artagnan ; mais le journal de ce héros lui-même est
désert comme un estaminet où l'on a changé la qualité
du gloria !

Quelques jeunes enthousiastes essayent bien encore
de courir les aventures ; hélas ! les sergents de ville
eux-mêmes n'y prennent pas garde. Des gamins de Paris
hurlent après les chausses des derniers romantiques.
Mais bientôt ces galopins gouailleurs sont essoufflés. Ils
ont alors besoin, pour se mettre à l'abri de l'ironie et
pour ne pas encourir la peine du talion, de *produire des
œuvres*. L'*exegi monumentum* leur semble être leur loi ;
ils s'y soumettent et attrapent au vol leurs souvenirs
comme des mouches. Alors, ils vont voyager dans la
plaine Saint-Denis et dans le Bois de Boulogne. L'aspect
de la nature les émeut ; ils versent de douces larmes qui
font pousser de grands chênes et des tilleuls pleins de
chants d'oiseaux. Sous les feuillages, ils aiment des
figurantes amoureuses et des couturières dévouées qui
leur font de la tisane avec les fleurs de ces mêmes tilleuls.
Quand vient l'hiver, ils ne peuvent plus s'embrasser
sous les feuilles, car celles qui leur restent sont des
feuilles de papier et il faut écrire *dessus*. Alors, sembla-
bles en cela aux rossignols, ils ne peuvent plus chanter.

Le grattement perpétuel qu'ils opèrent sur leur front
en fait sortir, non pas Minerve, mais des myriades de
danseurs qui renoncent au beau monde pour se livrer
à la littérature. Ces nouveaux venus ont toujours l'air

de polker. La plupart d'entre eux sont riches et ce qu'on appelle de bons partis. Ils cultivent les lettres d'abord en dépit de leurs mères qui, bientôt, ne peuvent résister à leur gloire en style coulant et facile : alors, ils mettent les deux pieds dans les feuilles publiques, et les bellâtres deviennent de petits pédants. Ils jugent avec des façons de beaux danseurs les livres sérieux et autres, à force de valser, ils deviennent influents et font cercle dans les foyers, les soirs de première représentation. Leur quadrille est organisé.

Puis viennent les professeurs qu'on appelle maîtres et qui font des cours d'art, comme si la littérature et la peinture s'apprenaient! De vieux journalistes conservent la causerie française. Ce n'est que parmi eux que la courtoisie avec mouches sur le visage et paniers aux reins fait des révérences aux beaux parleurs. Ce sont les derniers cabotins qui aient recueilli fidèlement les traditions du dix-huitième siècle. Ils parlent de Voltaire et de Diderot et s'appliquent à prendre vos manières. Ils regrettent le café Procope, et la démolition du café de la Régence les fait songer aux ruines de Carthage et de Pompéi et à la décadence de ce pays. Heureusement, le bec de gaz du divan Lepelletier leur luit comme un phare d'espérance. C'est le dernier rayon du Permesse.

Il y a aussi de nouveaux romantiques : ceux-là ne sont pas moins curieux. Ils refont une charte à l'instar de la fameuse préface de Cromwell, qui fait encore du bruit parmi les gens de 1830. Ils ont inventé la littérature industrielle, la poésie Crampton. Ils soutiennent que le meilleur moyen de régénérer les lettres est de chanter les bienfaits du gaz, de la machine à coudre, etc. De sorte que les inventeurs et notables commerçants n'auraient plus besoin de réclames. Les livres seraient des livrets et des guides. Pourquoi nos aïeux n'y ont ils pas pensé? Nous aurions de beaux poèmes épiques sur la chandelle et des romans ou des tableaux prodigieux sur la pomme de terre.

Cependant au milieu de tout ce monde, on découvre quelques meneurs plus agaçants ou plus riches que d'autres. L'un d'eux, que MM. Delaville et Luce de Laneival (maître du membre de l'Institut Villemain) eussent appelé folliculaire, est réputé homme d'esprit autour des tables recouvertes de drap vert. Il obtient des places, porte haut la tête et comme Diavolo il a sur les épaules un manteau de l'effet le plus beau. L'œil cherche parmi les plis de ce manteau un petit bout de dague. Il est évident qu'il ne doit son maintien fier, son attitude rejetée en arrière qu'à l'opinion considérable que lui inspire sa force ; si l'on écrivait à coups de poings, il faut croire qu'il serait un hercule. Ce critique demandait un jour à son feuilleton la signification de ce mot: *Réalisme*. Par malheur, son feuilleton, n'ayant pas de dictionnaire, ne put lui répondre, et il fut réduit à admirer un recueil de chansons dites populaires, dont l'auteur commence à être servi au dessert des grands dîners. Ce jeune homme chante au piano, fait les délices des dames et exécute, à lui tout seul, comme aux Folies-Nouvelles, de ravissantes opérettes. C'est un farceur de société. On dit de lui: « nous avions hier ce délicieux X... »

Les couplets de cet agréable être jouissent de la faveur de deux maîtres de la scène. Le premier a pris son art au sérieux, et il a longtemps essayé de refaire à sa manière les vers de Corneille, de Racine, d'André Chénier en haine du romantisme. Ses grands succès l'ont engagé à faire autre chose. Le voilà qui confectionne dans l'attitude du Molière de la rue Fontaine *un brodequin à Thalie*. Saint Crépin ne l'inspire pas et le brodequin va mal.

Quant à l'autre auteur dramatique, la froideur du théâtre moderne a échauffé sa bile. Il est devenu tout rouge et s'est mis à la besogne, décidé à recommencer la vieille gaîté gauloise. Cette gaieté eût sans doute réjoui nos pères. Elle me fait souvenir de *l'esprit français* qui, ne sachant plus où se fourrer, dans un temps où les loyers sont si chers, est allé se nicher dans la tête d'un *jeune écrivain*, comme disent certaines revues hebdomadaires. Ce que cet *esprit français* fait faire de bêtises au *jeune écrivain* est incalculable. Cependant, on ne saurait refuser à cet *esprit français* le prix de Rome. La peinture réaliste a allumé sa mousqueterie ; *l'esprit français* crible malicieusement la « Baigneuse » de Coürbet de grains de sel gris.

Un autre esprit, pour n'être pas réputé absolument français, n'est pas moins pétillant, car il pétille depuis 1825 et appartient à la fameuse éclosion de 1830. Il fait des *vers* comme un autre ferait... des vers. Rien ne lui coûte. Ce n'est pas comme au public, — car le public achète ses productions, — ce merveilleux improvisateur et prestidigitateur veut qu'on fourre de l'esprit partout, même dans ses poches à lui ; si le Réalisme parvient à être aussi spirituel que lui, sa sanction n'est pas douteuse. Mais cet esprit va trop vite pour qu'on puisse le rattrapper, il vaut mieux le laisser passer ; au train dont il va, ce ne sera pas long, etc., etc.

Tout ce monde ne croit qu'au passé et forme un immense carnaval. Ces armures, pourpoints, culottes et péplums ne vont pas aux gens d'à présent. Cette friperie est rouillée, fanée, trouée, râpée, tout est trop grand ou trop petit. Pourtant, cette armée d'artistes, de littérateurs, peintres et critiques, assiste à la représentation de ce qui se fait, en germe ou en moisson, et parle, en secouant la tête, des Grecs, des Romains, des Allemands, des

Anglais, etc., et de l'*éclosion* de 1830 ; absolument comme ces chauves qui, les soirs de grande solennité au Théâtre-Français, toussent les noms de Mole, de Monvel et de Mademoiselle Mars.

L'art est là. Discuté et envahi par ces fameux hommes d'esprit, ces délicieux causeurs dont les œuvres intitulées : *Petites nouvelles*, *Petites causeries*, *Revues de Paris*, *Coups d'épingle*, etc., réjouissent le provincial ; ces poètes en or et en argent qui disparaissent comme l'infâme potichomanie ; ces amoureux du *joli*, inventeurs du rire *mouillé*, et autres, illuminant leurs phrases avec des adjectifs de toutes couleurs ; ces vieux romantiques passés comme les morts de leurs ballades ; ces romantiques nouveaux qui ne peuvent pas passer malgré leur locomotive ; ces pédants et pions sans ouvrage qui se font juges et critiques au lieu d'aller se faire tuer en Crimée ; les habitués d'estaminet qui cuvent leur bière sur des œuvres consciencieuses, ces journalistes ignares et ignorants qui expriment des opinions qui ne leur appartiennent pas plus qu'à d'autres ; ces fondateurs de revue, et jolis messieurs qui se servent du titre de journaliste pour en imposer aux femmes de mauvaises mœurs et leur appliquer le chantage de l'amour ; ces amateurs, enfin, bourgeois et beaux fils, bacheliers évadés du collège Bourbon surtout, que la Faculté de droit rejette dans la société des gens de lettres. Voilà pour la littérature.

Quant à la peinture et à la statuaire, elles sont escaladées par les traditions et imitations, par l'Académie, par l'étranger enfin, comme la musique par le tapage, les tambours et les instruments de cuivre.

Enfin, le Réalisme *vient !*

C'est à travers ces broussailles, cette bataille des Cimbres, ce Pandémonium de temples grecs, de lyres et de guimbárdes, d'alhambras et de chênes phtisiques, de boléros, de sonnets ridicules, d'odes en or, de dagues, de rapières et de feuilletons rouillés, d'hamadryades au clair de la lune et d'attendrissements vénériens, de mariages de M. Scribe, de caricatures spirituelles et de photographies sans retouche, de cannes, de faux-cols d'amateurs, de discussions et critiques édentées, de traditions branlantes, de coutumes crochues et couplets au public, que le Réalisme a fait une trouée.

Vous figurez-vous le tapage produit par tant de gens bousculés, culbutés, roulant les uns par dessus les autres, dégringolant de l'Hélicon, de la rue de Bréda, de la Chaussée-d'Antin et de toutes les académies ? Que d'articles, que d'imprécations, que d'odes, que de rouge, d'or, de bleu, de jaune, de vert et de noir ameutés sont sortis des cadres et des journaux !

Et tout cela pourquoi ? parce que le Réalisme dit aux gens : Nous avons toujours été Grecs, Latins, Anglais, Allemands, Espagnols, etc., soyons un peu nous, fussions-nous laids. N'écrivons, ne peignons que ce qui est, ou du moins, ce que nous voyons, ce que nous savons, ce que nous avons vécu. N'ayons ni maîtres, ni élèves ! Singulière école, n'est-ce pas ? que celle où il n'y a ni maître, ni élève, et dont les seuls principes sont l'indépendance, la sincérité, l'individualisme !

POÉSIE

GRISAILLE

La barque sort gonflant sa voile ;
Le phare luit ;
Une fille, en bonnet de toile,
Court dans la nuit.

Un enfant pleure ; un chien aboie
Vers l'horizon,
Et l'âtre clair craque et flamboie
Dans la maison.

La brume rampe froide et grise ;
Les arbres roux
Semblent des manteaux où la brise
Creuse des trous.

Entre deux nuages, la lune
Sourit de voir,
Penché sur la terre si brune
Un ciel si noir,

Et sur le mât gonflant sa voile
Son rayon luit,
Puis, sur le fin bonnet de toile,
Meurt dans la nuit.

JEAN RENOUARD.

UN GRAVEUR ANGLAIS

REYNOLDS

On rencontre, même en Angleterre, beaucoup de personnes qui regardent le célèbre graveur Samuel-William Reynolds, qui est mort à Londres en 1836, comme le descendant du célèbre sir Joshua Reynolds, président de l'Académie de peinture. Il n'en est rien ; les familles de ces deux artistes, étrangères l'une à l'autre, n'ont de commun que le nom.

Reynolds le graveur, le seul des deux duquel nous voulions parler ici, ne trouva dans la maison paternelle ni exemples ni traditions qui pussent le porter vers les arts ; sa vocation fut toute spontanée, et ce qu'il ne faut pas manquer de dire à sa gloire, c'est qu'il est douteux que son génie eût pu recevoir du concours des circonstances les plus favorables, plus de force qu'il n'en acquit de soi-même à travers les obstacles qui semblaient insurmontables, dont furent marqués les commencements de sa carrière. En effet, Reynolds a été un graveur de génie, et par ses ouvrages et par leur histoire.

Des parents sans fortune l'avaient placé en apprentissage chez un graveur nommé Hodges, homme de talent, mais qui, si l'on en juge par les leçons qu'il donna à Reynolds, se faisait une singulière idée des devoirs du professeur. Suivant l'usage de l'Angleterre, l'apprenti appartenait pour sept ans à son maître. Ceux qui ont connu Reynolds savent qu'il ne fit jamais mystère de l'humilité de cette première condition. Ses propres récits témoignent qu'il avait pour occupation, dans la maison de Hodjes, de balayer, d'aller chercher de l'eau, de bercer les enfants : la charge, en un mot, de ce qu'on appelle, en style de petites affiches, un domestique pour tout faire. Son maître, en outre de ce service obligatoire, ne demandait qu'une chose à son élève ou à son domestique, comme on voudra l'appeler : c'était de ne pas songer à la gravure et de ne s'en mêler en aucune façon. Une histoire qui tenait une grande place dans les souvenirs de Reynolds était celle d'un morceau de cuivre qu'il trouva un jour moyen de dérober à son maître ; ce fut la première planche du grand graveur ; il l'avait cachée dans sa paillasse, l'en tirant aussitôt qu'il ne craignait pas d'être vu, pour tâcher de s'apprendre lui-même cet art qu'on refusait de lui enseigner. Mais le hasard ne tarda pas à faire découvrir la cachette, et la terrible colère que montra le maître en ôtant à l'élève l'idée de recommencer ses essais de gravure pour tout le temps qu'il avait à passer dans cette maison la lui eut peut-être fait perdre pour toujours. Fort heureusement, Hodjes, pressé par de mauvaises affaires, quitta Londres pour se réfugier en Belgique, où il est mort depuis, et avant le terme fixé de son apprentissage, Reynolds se trouva libre.

Mais il lui restait à devenir graveur, car il sortait de chez son maître à peu près aussi ignorant qu'il y était entré, et toute sa science se bornait à quelques souvenirs de ce qu'il y avait vu faire.

Cependant Reynolds ne perdit pas espoir; il fallait qu'il trouvât quelque part les moyens d'existence qui lui manquaient; il les demanda à un talent qu'il ne possédait pas, et décida que ce serait en gravant qu'il gagnerait sa subsistance et celle d'une femme sans fortune qu'il venait d'épouser. Aussi faut-il dire que ces premiers ouvrages de Reynolds étaient tout simplement des gravures à deux sous. Encore n'en trouvait-il pas toujours à faire. Les graveurs tels que lui étaient nombreux à Londres, et pour déterminer les éditeurs à lui confier leurs planches de préférence, il était toujours prêt à graver à un bien moindre prix que celui demandé par ceux de ses concurrents les plus modestes dans leurs prétentions. C'est ainsi que débuta dans les arts ce Reynolds, depuis si justement célèbre. Après cet exemple, il est curieux d'entendre parler de grands artistes à qui il n'aurait manqué que des circonstances favorables pour se développer, et en voyant le graveur anglais résister à tant d'épreuves et les faire, en quelque sorte, tourner à son avantage, il est bien permis de douter que jamais, dans les arts, l'avenir d'un homme de génie ait tenu au plus ou moins de bonheur de ses premières années. En effet, Reynolds, pendant qu'il vivait de ses gravures à deux sous, se mettait peu à peu en état de prétendre à des travaux dignes de lui, et c'est ainsi que, par degrés, il arriva à être un des premiers graveurs dans un pays où les hommes habiles dans cet art sont, depuis longtemps, plus nombreux qu'ils ne l'ont jamais été ailleurs. Toutefois, sa grande réputation ne date pas de cette époque. Sa carrière d'artiste est séparée par un long intervalle durant lequel il reste, par ses occupations, complètement étranger aux arts.

Voici quelle fut la cause de cette singularité de la vie de Reynolds : M. Withbread, connu par son immense fortune et par son opposition dans la Chambre des communes, ayant conçu pour lui une vive amitié, offrit de lui confier l'administration d'une partie de ses domaines. Cette proposition, qui semble étrange faite à un artiste, n'était pourtant inspirée que par la connaissance d'un des goûts dominants de Reynolds. Il avait la passion de bâtir et de planter : bouleverser une habitation et en renouveler la face était son plus grand plaisir ; coûteuse manie à laquelle il a sacrifié, dans le cours de sa vie, la plus grande partie des sommes considérables qu'il gagnait par son talent, sans jamais pouvoir la satisfaire.

M. Withbread, en homme assez riche pour pouvoir être de temps en temps impunément prodigue, ne voulait qu'offrir à Reynolds l'occasion de démolir, de bâtir et de planter tout à son aise et celui-ci eût eu bien garde de refuser. Pendant plus de douze ans, il n'eut donc d'autre idée en tête, que d'exercer dans toute sa latitude le pouvoir absolu qui lui avait été remis sur les parcs et les châteaux de son ami. Enfin, la mort tragique de M. Withbread, arrivée en 1815, arrêta le cours des occupations capricicuses et souvent fort extravagantes auxquelles Reynolds se livrait exclusivement, et il fut forcé de retourner à ses travaux d'artiste, dont il semblait qu'il devait avoir perdu l'habitude et presque la mémoire.

Cependant, c'est alors que son talent parut dans sa plus grande force : son nom fut bientôt connu sur le continent ; et Reynolds, appelé en France par deux éditeurs anglais établis à Paris, pour graver des tableaux français, y fit en deux reprises un séjour de cinq ou six ans. En Angleterre, les éditeurs se disputaient ses planches, et y mettaient un prix que nul graveur avant lui n'aurait pu songer sérieusement à obtenir de son travail.

Ce que Reynolds a gravé de planches en sa vie, mais surtout dans l'espace compris entre l'année 1815 et l'année 1835, où il est mort, est incroyable. Loin d'en avoir conservé un souvenir exact, il ne pouvait en évaluer le nombre, même approximativement. Il est vrai que ce prodige de fécondité s'explique en partie par l'habitude qu'il avait prise d'avoir toujours chez lui un grand nombre d'élèves. Bien différent des autres maîtres et surtout du sien, il aurait voulu que ses élèves se trouvassent capables de graver en entrant dans son atelier. A peine possédaient-ils les premières notions de l'art, qu'il leur donnait ses planches à préparer. Souvent ces préparations portaient la marque de la complète inexpérience de l'élève, et la planche aurait été perdue sans ressource aux yeux d'un autre graveur ; mais pour Reynolds, toutes les préparations étaient bonnes, et c'est une des choses dont ne cesseront jamais de s'étonner ceux qui ont vu ce grand artiste à l'œuvre, que l'inconcevable habileté avec laquelle il faisait sortir les formes et la couleur de ces éléments indigestes.

La nature lui avait donné le précieux avantage de pouvoir mettre aussi peu de suite que d'application dans son travail, sans que le résultat s'en ressentit. Porté par la mobilité de son imagination, tantôt vers la vie contemplative du poête, tantôt et plus souvent vers la vie ardente et désordonnée de l'homme de plaisir, il lui arrivait de disparaître pour plusieurs mois de son logis, entraîné par une vague curiosité dans des excursions, a travers tous les sites qui lui plaisaient dans la campagne, ou lancé par une avidité d'émotions contraires dans le tourbillon de la dissipation des grandes villes ; de retour, il se mettait au travail avec une ardeur et une activité qui semblaient plus qu'humaines, ne se donnant ni trêve ni relâche, et dans son impatience de

réparer le temps perdu, ne songeant pas à faire la distinction du jour et de la nuit.

Reynolds a vécu dans la société intime de la plupart
des artistes célèbres en tout genre, que l'Angleterre a
comptés de son temps. Mais ce fut surtout vers le tra-
gédien Kean qu'il fut porté par une prédilection parti-
culière. Toutefois cette liaison, née du plaisir et de
quelque conformité dans les goûts, ne mérite d'être
rappelée qu'en ce qu'elle fait connaître l'homme. Dans
l'histoire de l'artiste, d'autres amitiés, quoique moins
étroites, tiennent une place plus importante. Reynolds
eut des commencements si disproportionnés avec le haut
rang où il est parvenu dans son art, que le privilège
d'organisation qu'il avait reçu de la nature ne donnerait
pas une raison suffisante du rapide et merveilleux développement de son talent, si des influences heureuses,
bien qu'indirectes, n'avaient agi sur lui. Or, il est permis de rapporter à quelques artistes contemporains des
jeunes années de Reynolds l'honneur d'avoir contribué
à donner ce grand graveur à l'Angleterre. Ces artistes
sont les paysagistes Girtin, Opie, qui fut président de
l'académie royale de peinture ; Owen, auteur de quelques grandes compositions et de beaucoup de portraits ;
Northcote, l'élève de sir Joshua Reynolds.

Leurs conseils et leur appui bienveillant soutinrent
et secondèrent le génie, qui sortait brut et s'ignorant
soi-même des mains de Hodges. Plus tard, quand Reynolds fut devenu célèbre, il eut bien des fois occasion
de s'acquitter envers d'autres artistes, des obligations
qu'il avait contractées envers les conseillers de sa
jeunesse ; car on attachait, dans les ateliers des peintres
de Londres, un grand prix à son opinion et à ses avis.
En effet, outre que toute grande supériorité dans un art,
comme celle qu'il possédait dans la gravure, donne à la

parole de l'artiste une autorité irrécusable sur les questions touchant à tous les arts du dessin indistinctement, il avait un titre particulier à la déférence des peintres. Il a été peintre de paysages en même temps que graveur, et ses tableaux, quoique moins nombreux et d'un moindre mérite que ses planches, brillent par une qualité qui aurait suffi pour l'empêcher d'être confondu dans la foule des artistes ordinaires. Ce n'est pas dans l'exécution que réside cette qualité ; incomplète et même inhabile, à quelques égards, elle décèle une main plus habituée à s'arrêter sur l'acier que sur la toile. Mais la richesse de la composition a tant d'éclat dans les paysages de Reynolds, qu'elle fait oublier tout ce qui leur manque.

Au surplus, Reynolds, même considéré comme graveur, n'offre pas un mérite égal dans toutes ses parties. Ses précieuses qualités naturelles ne pouvaient réparer l'absence de cette bonne éducation, dont le génie a bien le privilège de ne pas dépendre pour sa destinée, mais dont personne ne saurait être privé par sa faute ou par celle des autres, sans en porter la peine. Reynolds, artiste pour ainsi dire sans études, n'est point à citer pour la science du dessin. Aussi serait-ce vouloir prendre de lui nne médiocre opinion, que de le juger seulement sous ce point de vue. Autant qu'il est permis de diviser les graveurs en dessinateurs et en coloristes, nous rangerons Reynolds dans cette dernière catégorie. Mais il y paraît, sans contredit, au premier rang. Il a montré comment la gravure, forcée par l'indigence de ses ressources de renoncer à reproduire la couleur du peintre par un effet identique, peut approcher du but par un effet analogue. Enfin, il a mis dans son art tout ce qu'il a pu y faire entrer du génie de la composition. De là vient que telle de ses gravures, faites d'après de médiocres tableaux, ont plus de valeur que d'autres gravures qu'il a faites d'après des maîtres. Pour ne citer que des exemples connus de tout le monde, nous comparerons entre elles les cinq planches qu'il a laissées d'après des auteurs français : d'un côté, *la Méduse* de Géricault; de l'autre côté, *le Mazeppa* et les deux *Chasses* d'Horace Vernet, la Saltarelle et *la Bonne Fille* de Mme Haudebourt-Lescot. La traduction de la puissante composition de Géricault est celle dans laquelle Reynolds paraît avec le moins d'avantages, tandis que de son propre aveu, *la Bonne Fille* doit être regardée comme une des meilleures planches de son œuvre. Son véritable maître, le seul qu'il avouât, est Rembrandt ; c'est de Rembrandt qu'il a appris le secret de ce que nous n'exprimons qu'imparfaitement par le mot de clair-obscur, de cette irrésistible magie qui réside dans la piquante harmonie d'ombres fortes et de jour éclatant ; c'est par l'intelligence de Rembrandt, qu'il est parvenu à exceller dans cette partie si difficile de son art.

Ses procédés employés par Reynolds n'ont de nouveau que la combinaison qu'il en a faite. Avant lui, la manière noire était usitée, mais toujours seule, et malgré la richesse de ses tons gras et noirs, elle pêchait, même dans les plus belles planches, par une certaine mollesse du modelé, par un défaut de consistance dans les demi-teintes, qui ont fait comparer les effets obtenus uniquement par ce procédé, à l'aspect d'objets qui seraient figurés par la fumée. Reynolds, le premier, corrigea ce défaut en se servant concurremment de la manière noire et de l'eau-forte, et par là obtint la solidité dans le modèle, en ne perdant rien de la vigueur du ton. Il a donc eu une gloire véritablemement rare, puisqu'elle se fonde non seulement sur le mérite de ses ouvrages, mais encore sur un progrés qu'il a fait faire à la gravure ; et quand on songe en outre à la merveilleuse abondance de ses productions, on est porté à croire que peu d'hommes ont contribué, autant que lui, à populariser les jouissances des arts.

Reynolds est mort âgé d'environ soixante ans ; il a laissé un grand nombre d'élèves, parmi lesquels on compte un de ses fils ; mais l'héritage de son talent est échu à des mains étrangères.

Visitant un jour une exposition publique dans une ville d'Angleterre, il remarqua un petit dessin au crayon dont l'auteur était un orphelin âgé d'une dizaine d'années, élevé par la charité publique. Aussitôt il s'engage à se charger des frais et des soins de son éducation. Cet enfant, qui a passé quatre ans dans son atelier, s'appelait Cousins ; c'est lui qui a gravé tant de beaux portraits de Lawrence ; et s'il fallait retrouver un chef pour cette brillante école de graveurs qui doit être désignée par le nom de Reynolds, ce serait sans doute à lui qu'il appartiendrait de tenir la place de son maître.

CHRONIQUE

M. Carolus Duran, qui ne fut pas prix de Rome, a été nommé Directeur de la Villa Médicis.

L'Académie des Beaux-Arts l'a choisi parce qu'il fut le seul de cet illustre compagnie à désirer des fonctions qui, en d'autres temps, étaient considérées comme un grand honneur. Cette grève de candidats exerça quelque peu la malignité publique quand on apprit que les uns et les autres se récusaieut pour vaquer plus aisément à des travaux plus rémunérateurs et moins honorifiques.

Quoi qu'il en soit, M. Carolus Duran va trouver la Villa Médicis a peu près désorganisée. Cette anarchie, qui s'était traduite aux yeux de tous par la faiblesse lamentable des envois, a mis en question l'existence même de l'institution. Faut-il la conserver ? Faut-il la détruire ? Jusqu'à présent, on la conserve et on fait bien, car enfin, s'il est avéré que la Villa Médicis ne crée pas de génies, elle n'en a étouffé aucun. Les pensionnaires y entrent comme élèves de choix, ils en sortent élèves diplômés, rien de plus, rien de moins, Quelques-uns s'élèvent, dans la suite, jusqu'à la maîtrise et, tout compte fait, ils doivent la meilleure part de leur valeur à la puissante éducation artistique que leur a donné leur long séjour parmi les chefs-d'œuvre romains.

Pour se faire une idée équitable de ce qu'est la Villa Médicis, le plus simple est encore de s'en rapporter à ceux qui y ont vécu. Leur opinion est unanime, il n'en est pas un qui ne garde de ses années de Rome un souvenir attendri et reconnaissant. L'éminent architecte J.-L. Pascal a traduit cette pensée avec bonheur et nous

trouvons dans une lettre qu'il vient d'écrire, ainsi que
dans l'exhortation qu'il adressait aux Prix de Rome,
l'expression d'un sentiment qui est, à tout prendre, le
meilleur des·arguments pour le maintien de la Villa
Médicis. L'Académie de France a toujours été attaquée
par ceux qui n'ont pu y entrer ; elle sera toujours
défendue par ceux qui y ont vécu.

Voici la lettre de M. Pascal :

Décembre 1904.

Je ne vous ai pas encore répondu, monsieur, non pas par une négli-
gence que vous auriez raison de trouver dédaigneuse, mais par la même
raison qui m'embarrasse fort pour vous donner satisfaction.

Le manque de temps d'un homme plus occupé que jamais ne me
laisse guère la certitude d'avoir le loisir de vous écrire sur la Villa
Médicis.

Nous en avons tous gardé un tel souvenir, que nous avons peine à
comprendre ceux qui — comme M. Thiébaut-Scisson, dans le *Temps* —
ne l'ayant pas pratiquée, ne l'ayant peut-être pas vue, la représentent
comme un foyer d'idées vieilles, arriérées, en dehors de leur temps, bon
à éteindre ou à utiliser pour y faire cuire quelque soupe réaliste ou
flamber quelque punch symboliste, où n'importe quoi en *iste*.

Nous avons peine à nous trouver si corrompus, et, pour moi qui ai
fait profession, depuis trente-deux ans, de vivre avec des jeunes gens,
d'en avoir formé quelques-uns qui n'ont pas trouvé moins de joie que
moi-même à habiter, pendant quatre ans, le Monte-Pincio, j'enrage un
peu de me sentir traité si mal et je me tâte pour comprendre la perni-
cieuse influence que j'ai subie — et que j'ai transmise.

Un fait particulier — et tout récent — serait fait pour surprendre les
détracteurs de la Villa : dans leurs doléances et observations suggérées
par la nomination d'une commission à l'Académie des Beaux-Arts, les
pensionnaires peintres nous ont envoyé une demande de prolongation
de leur pension de quatre à cinq ans.

Pour des victimes privées de toute liberté, voilà une démarche peu
habituelle à des prisonniers !

Pardonnez, monsieur, ma brièveté. Je tâcherai de trouver le temps de
développer ce que j'ai eu occasion assez récemment de dire à la séance
publique de l'Académie des Beaux-Arts.

Salutations très distinguées,   Jean-Louis PASCAL.

Cette lettre se complète par ce commentaire, enchâssé
dans le discours sur les Prix de Rome, que prononça
M. Pascal, devant l'Institut.

Il résume très exactement le sentiment de tous ceux qui ont qualité pour avoir une opinion sur la Villa Médicis et son enseignement.

Puisque c'est vous qui allez continuer là-bas cette tradition que je veux défendre, l'occasion m'en étant offerte, écoutez d'abord les créateurs, les fondateurs de cette fière institution de l'École de Rome qui avaient devancé, — inconsciemment peut-être -- les théories maintenant mises en pratique dans toutes les branches de l'enseignement : envoyer les jeunes hommes étudier — où ils existent — les meilleurs spécimens des spécialités auxquelles ils se sont voués. Il y a des bourses pour le commerce, des bourses du tour du monde pour les encyclopédistes de la science et de la littérature ; on va étudier les mines, les grandes exploitations, la marine, la guerre aux pays où les générations précédentes ont laissé les meilleurs enseignements, où l'activité humaine a porté les fruits les plus abondants.

Dans le tumulte grandissant, dans la mêlée des intérêts, dans l'agitation des peuples, dans l'horreur de la guerre, dans les convoitises de tous ces malheureux qui grattent le sol de notre planète et se le disputent, vous vous êtes fait, pour correspondre aux besoins des hommes, — de cette génération et quelques autres qui lui succéderont pendant un court espace de siècles, — pour l'attendrir, pour lui faire prendre son mal en patience, pour l'égayer, pour la transporter aussi en joie et en amour, un idéal plus haut, par délà les choses trop immédiates : c'est de la beauté que vous vous êtes chargés de créer.

Comme les autres travailleurs, vous aurez besoin de pratique ; votre enfantement ne sera pas sans effort ; vous étudierez ceux qui ont peiné avant vous ; vous irez boire aux sources, vous subirez cette émotion si féconde de l'humilité, de l'anéantissement devant le génie ; vous bénéficierez de la compréhension devant les œuvres, non plus indiquées et conseillées, mais vues, senties, comprises, analysées par vous dans le plein épanouissement de votre liberté.

A vous fréquenter réciproquement, à échanger dans ce voyage de départ, qu'on ne saurait trop vous conseiller de faire en commun, vous, musiciens, vous connaîtrez, par ces artistes qui ont une autre technique, d'autres procédés que les vôtres pour produire l'émotion et fixer le rêve, la belle unité des lois qui régissent aussi bien les combinaisons en architecture que la structure et le rythme de vos compositions bien bâties, l'analogie de ce que vous appelez aussi votre couleur dans vos timbres, dans votre orchestration, avec ce que nous offre la peinture, on les ressource de variété et de richesse qu'apporte l'équivalent de la sculpture à vos constructions symphoniques.

Vous les charmerez, vous les ferez vibrez et tressaillir avec vous, et ainsi s'établira l'amitié qui traverse la vie et vous promettra des douceurs jusqu'à notre heure, celle où il faut penser à quitter ce qui a été notre enthousiasme et notre soutien.

Et vous atteindrez ce délicieux séjour dont les premières heures, les premiers mois peut-être, ne pourront compenser les nombreux souvenirs que vous laissez en France, mais qui vous enveloppera bientôt de son charme, vous bercera de ses eaux murmurantes, vous éblouira de ses beaux jardins ensoleillés, vous reposera à l'ombre de ses lauriers et de ses oliviers, et — surtout — abritera bientôt votre travail repris avec joie et passion dans cette liberté si chère.

Car c'est par là que je veux finir. C'est de liberté que vous vivez ; les entraves d'un règlement à mailles si lâches qu'il sert seulement à vous défendre contre la somnolence qui pourrait vous gagner après l'effort dans ce séjour de séduction, ne sont pas pour rien interdire aux tempéraments divers que vous porterez en Italie.

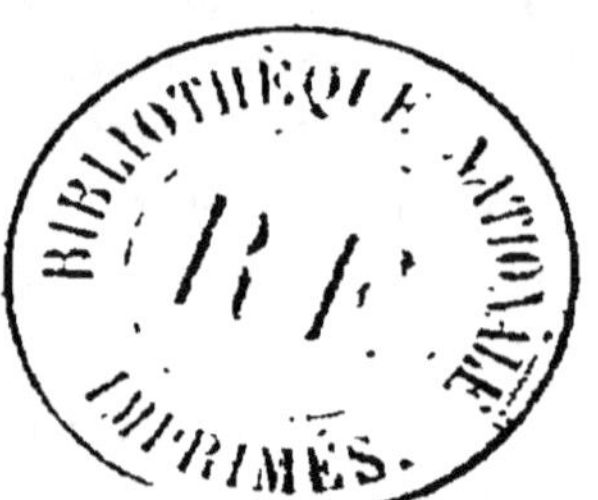